Bernadette Olderdissen

Schwedisch Lappland

50 MIKROABENTEUER

ZUM ENTDECKEN UND GENIESSEN

360° medien

IMPRESSUM

Schwedisch Lappland
50 MIKROABENTEUER ZUM ENTDECKEN UND GENIESSEN
Bernadette Olderdissen

Nachtigallenweg 1 | 40822 Mettmann

Redaktion und Lektorat: Christine Walter

Satz und Layout: Elke Gräfe

Gedruckt und gebunden:
LD Medienhaus GmbH & Co. KG | Van-Delden-Str. 6-8 | 48683 Ahaus
www.ld-medienhaus.de

Bildnachweis: siehe Seite 256

ISBN: 978-3-96855-321-4
Hergestellt in Deutschland

360grad-medien.de

Bernadette Olderdissen

Schwedisch Lappland

50

MIKROABENTEUER

ZUM ENTDECKEN UND GENIESSEN

360° medien

Vorwort

Liebe auf den ersten Blick? Ist doch Quatsch, habe ich immer gedacht. Bis ich mich auf Anhieb richtig doll verknallt habe. Nicht in einen Menschen. In eine Region! Die Region Norrbotten im äußersten Norden Schwedens, um die sich dieser Reiseführer hauptsächlich dreht, neben der weiter südlich gelegenen, ebenfalls teils zu Lappland zählenden Region Västerbotten. Es war im Oktober 2020, dass es zwischen Schwedisch Lappland und mir mächtig funkte. Dabei war ich nur für eine dreitägige Pressereise dort und fuhr nach meiner Ankunft an einem Spätnachmittag vom Flughafen Luleå nach Kalix weiter nördlich. Da bemerkte ich etwas im Rückspiegel: den knallig-farbigsten Sonnenuntergang aus sämtlichen Rot- und Orangetönen des Tuschkastens, während sich der Himmel vor mir sanft rosa-blau für die Nacht feinmachte. Selbst die beste Kamera hätte die Macht dieser Farben nicht einfangen können, die Kraft dieses Lichts. Dieses Herbstlichtes, das noch einmal aus den Vollen zu schöpfen schien, bevor es sich für den Winter rarmachen würde.

In jenem Augenblick passierte etwas mit mir, dieses Licht stellte etwas mit mir an – es versprühte einen Zauber, der bis heute ungebrochen ist. Die drei Tage in Schwedisch Lappland schlief ich in einem Glasiglu des Ice & Light Village in Kalix, in einem Häuschen zwischen Baumwipfeln im Treehotel, ließ mich auf der Husky-Farm von Jopikgården auf der Schäreninsel Hindersön von übereifrigen Jungtieren Gassi führen – und lernte. Über die acht Jahreszeiten im hohen Norden, definiert von der Urbevölkerung Lapplands, den Samen. Ich bekam einen Crashkurs darin, wie viel auch selbst im Herbst noch in der Natur geschieht, wie aktiv

Fische laichen und sich Rentiere und Elche paaren. Ging auf Löjrom-Safari in Kalix und genoss den Geschmack der Jahreszeiten nicht nur in Form des lokalen Kaviars, sondern auch auf der handgemachten Schokolade von Arctic Treats.

Am vorletzten Abend saß ich mit Einheimischen um ein Lagerfeuer und mir lief schon vom Duft des gegrillten Elchfleisches das Wasser im Mund zusammen, während es am Morgen der Heimkehr durch dichtes Schneegestöber zurück zum Flughafen Luleå ging. Mein Herz fühlte sich schwer an, hätte ich doch so gern mehr von dem laut samischem Kalender beginnenden Herbstwinter mitbekommen, genannt „Tjakttjadálvie". Die Jahreszeit der Wanderungen, der Stille und des Wartens. Die beiden letzteren Dinge, die mir in meinem oft hektischen Hamburger Stadtleben eher fremd waren.

Es dauerte ein ganzes weiteres, Corona-geplagtes Jahr, bis ein Entschluss fiel: Ich ziehe für ein Jahr nach Schwedisch Lappland, möchte alle acht Jahreszeiten vor Ort miterleben. Und während dieses Jahres entsteht auch dieser Reiseführer, von live vor Ort, mit dem Ziel, einige der bekannten und weniger bekannten Highlights der Region zu jeder Jahreszeit einzufangen und mit den Lesern zu teilen. Mögen auch Sie den Zauber einer der letzten noch recht wilden Regionen Europas zwischen den Zeilen spüren und hoffentlich eines Tages selbst in die Extreme dieser Natur und die Vielfalt der Kultur eintauchen.

Bernadette Olderdissen

Inhaltsverzeichnis

Neugieriges junges Rentier

Während der Recherche zu diesem Buch änderten Lokale und Besucherattraktionen aufgrund der Corona-Pandemie immer wieder ihre Arbeitsweise. Darum wurde bei den Service-Informationen auf die Angabe von Öffnungszeiten verzichtet. Allen Schwedisch Lappland-Reisenden sei empfohlen, sich aktuell vor Ort bzw. auf den aufgeführten Internetseiten zu informieren.

Willkommen

IN SCHWEDISCH LAPPLAND

Schwedisch Lappland. Das ist eine der abgelegensten und wildesten Gegenden im Norden Europas, bestehend aus der gut 98.000 Quadratkilometer großen Region Norrbotten (Norrbottens län) und dem nördlichen Teil des sich daran anschließenden Västerbotten (Västerbottens län). Lappland, das sich über Norwegen, Schweden, Finnland und bis nach Russland zieht, ist das Land der Samen, der nordischen Urbevölkerung, in deren Sprache es „Sápmi" heißt. Die Samen sind auch die Namensgeber jedes Bergs und Tals in Schwedisch Lappland, und selbst zahlreiche, in den Ohren von Besuchern fremd klingende Ortsnamen entspringen der samischen Sprache: Jokkmokk mit seinem berühmten samischen Wintermarkt Anfang Februar. Arvidsjaur in der Nähe von gefühlt endlosen Seenlandschaften. Padjelanta, Schwedens größter Nationalpark, der übersetzt „das höhere Land" bezeichnet.

Heute sind es geschätzt nur noch an die 20.000 Samen, die in Schwedisch Lappland leben. Im Vergleich: Insgesamt umfasst Norrbotten etwa 251.000 Einwohner, Västerbotten ungefähr 268.000! Dennoch gibt es kaum etwas Spannenderes, als einen Einblick in die Kultur und Traditionen dieser Urbevölkerung zu bekommen, auf die auch die feine Einteilung des Naturkreislaufs in acht statt nur vier Jahreszeiten zurückgeht. Vielerorts bietet sich Besuchern die Möglichkeit, unter anderem bei der Markierung von Rentieren, die einst die Lebensgrundlage aller Samen darstellten, dabei zu sein, vom Rentierschlitten aus die Landschaft zu erleben oder einen Crashkurs der samischen Küche zu belegen.

Traumhafter Zeltplatz

Die häufigste anfängliche Assoziation mit Schwedisch Lappland dreht sich jedoch nicht um die Samen, sondern um Licht und Dunkelheit. Um angeblich tiefe Schwärze im Winter und Sonne fast rund um die Uhr im Sommer, die Mitternachtssonne. Die Region beweist, was es bedeutet, am „Ende der Welt" zu leben, dort, wo der Polarkreis die Erdkugel durchläuft. Doch wer einmal in Schwedisch Lappland war, versteht, dass es mehr gibt als hell oder dunkel. Dass das arktische Licht aus einer reichen Farbpalette schöpft, von grellem Rot und Orange bis hin zu feinstem Babyblau oder -rosa, mit dem sich die scheue Wintersonne gerne ankündigt und verabschiedet. Dass die dunklen Stunden in den Wintermonaten überwiegen mögen, die Momente des Lichts dafür aber umso intensiver sind.

Und selbst der schwärzeste aller Nachthimmel kann aufregend sein: Neben Abermillionen von Sternen wären da in regelmäßigen Abständen in Grün-, Violett- oder gar Pinktönen über den Himmel tanzende Lichter. Diese Nord- bzw. Polarlichter, die der Duden schlichtweg als „in den Polargebieten zu beobachtendes, nächtliches Leuchten in der hohen Erdatmosphäre" bezeichnet, lassen Besucher insbesondere zwischen September und April Nacht für Nacht sehnsüchtig gen Firmament starren. Das beliebte Licht zeigt sich also sogar im Spätsommer und Herbst – aber um den teils bunten Tanz einmal live zu erleben, lohnt es auch, sich bei Temperaturen um die -30 Grad im Winter die Zehen oder Finger abzufrieren.

Apropos abfrieren: Neben dem knappen Licht ist es die Kälte des arktischen Winters, die vielen Besuchern Schwedisch Lapplands Sorgen bereitet. Dabei ist es einfach: „Es gibt kein „schlechtes" Wetter, nur schlechte Ausrüstung", weiß jeder Norrbottener und Västerbottener (auf keinen Fall die Einheimischen als „Lappen" bezeichnen, das kommt einem Schimpfwort gleich!). Nicht jede Menge Kleidung, sondern wenige ausgewählte Stücke, am besten Made in Sweden und direkt vor Ort gekauft, bestimmen, ob bei -25 bis -40 Grad alles von den Zehen bis zu den Haarspitzen einfriert oder eben nicht. Erst recht, wenn das Nordlicht abends auf sich warten lässt. Zum Beispiel in dem nur etwa 200 Einwohner starken Städtchen Abisko nördlich des Polarkreises, das sich damit rühmt, von seiner Aurora Sky Station aus den weltbesten Blick auf mögliche Nordlichter zu bieten. Die Erfahrung lehrt allerdings, dass sich die begehrten Lichter auch andernorts tanzfreudig zeigen, solange der Himmel dunkel und die Nacht klar genug ist und die Sonnenwindkonstellation stimmt (Hinweis: Die auch von den Einheimischen gern genutzte Nordlichter-App „Aurora" gibt zwar Hinweise, wann die Sichtbarkeit am wahrscheinlichsten ist, allerdings können auch unangekündigt Nordlichter auftauchen oder man geht an den mit „Rot" bezeichneten „heißen Tagen" leer aus!).

Hier kann man die Seele baumeln lassen.

Zu einem Winterurlaub in Schwedisch Lappland gehören idealerweise nicht nur Nordlichter, sondern auch ein Besuch des bereits als schwedisches Wahrzeichen geltenden Ice Hotels in Jukkasjärvi, unweit von Kiruna. Die aufwendig aus echtem Eis gebauten Iglus, die etwa Ende April zu schmelzen beginnen, gelten als absolutes Must-see – so wie eine Fahrt mit einem Husky-Schlitten als Must-do. Wer sich neben für Hunde-Power auch für die Motor-Power eines Schneemobils begeistert, kann vielerorts Schneemobil-Safaris über zugefrorene Flüsse, auf die vereiste Ostsee und durch eingeschneite Wälder mitmachen, u.a. ab dem Herrenhaus Filipsborg in dem Küstenstädtchen Kalix. Nur wenige Kilometer östlich davon liegt ein Highlight der Region vor Anker: der Polar Explorer, ein in Deutschland gebauter Eisbrecher.

Nun könnte der Eindruck entstehen, Schwedisch Lappland sei vor allem im Winter aufregend – was der Region jedoch Unrecht täte. Gerade der Sommer, Spätsommer und Herbst sind wunderbare Jahreszeiten, um die Weite der Landschaft zu Fuß zu erkunden. Besonders beliebt: der Kungsleden, Königspfad, mit 440 Kilometern Schwedens längster Fernwanderweg, der ab Abisko nicht nur am höchsten Berg des Landes vorbeiführt (Kebnekaise mit 2.097 Metern), sondern auch durch vier Nationalparks, die zum Welterbe Laponia zählen. Die unvergesslichen Ausblicke machen dabei sogar die Mückenplagen des Sommers schnell vergessen (Tipp: sich beim Anti-Mückenmittelkauf am besten vor Ort beraten lassen). Und selbst, wer nicht gerne wandert, kann die Natur in den wärmeren Monaten auf vielfältige Weise erkunden – sei es beim Übernachten im Treehotel, bei einer Bootsfahrt in den Schärengärten von Haparanda bis Skellefteå, bei Kajak- oder Kanutouren, beim Besuch von Wasserfällen, wie dem beeindruckenden Storforsen. Oder beim Genuss nordschwedischer Küche, wobei von Elchfleisch und Rentierherz über arktischen Saibling, Forelle oder Kalix Löjrom (Kaviar) bis zu hausgemachtem Käse und im Sommer einer riesigen Auswahl an Beeren etwas für jeden dabei ist. Die Devise lautet: Man isst, was die Natur hergibt. Und nicht vergessen: Ende Juni feiert man Mittsommer! Gerade im fernen Norden gibt es keine schönere Art, den Höchststand der Sonne zu feiern, als mit den Einheimischen durch die helle Nacht zu tanzen!

Top 10

DER SEHENSWÜRDIGKEITEN IN SCHWEDISCH LAPPLAND

1 **Aurora Sky Station in Abisko:** Diese „Himmelsstation" ist die Antwort auf die Frage, wo man in Schwedisch Lappland am besten Nordlichter beobachten kann. Manch einer behauptet sogar, dies sei der beste Ort der Welt, um die in teils grellen Grün- und Pinktönen über den Himmel tanzenden Lichter zu sehen. Achtung: Natürlich gibt es selbst dort keine Polarlicht-Garantie, weil die Natur eben macht, was sie will. Aber die Chancen stehen zwischen Oktober und April gut! Dass die Sky Station Berühmtheit in der Welt erlangte, ist nach Angaben der Betreiber einem japanischen Besucher im Jahr 2002 zu verdanken, der ein bis dato in Japan gut gehütetes Geheimnis verriet: In seinem Heimatland sei Abisko schon lange als weltbester Ort zum Bestaunen des Nordlichts bekannt! Daraufhin eröffnete 2007 die offizielle Sky Station auf dem 900 Meter hohen Berg Nuolja, den ein Sessellift anfährt. Von der Terrasse der Sky Station oder ihrem Aussichtsturm lässt sich das Himmelsspektakel wunderbar verfolgen – und wer hungrig ist, gönnt sich zum Augen- auch einen Gaumenschmaus in Form des „Northern Light Dinner". *auroraskystation.se*

2 **Icehotel in Jukkasjärvi:** Nachhaltiger geht es kaum: Immer dann, wenn der benachbarte Fluss Torne im Winter zufriert, schneiden Künstler und Handwerker Eisblöcke heraus und zaubern daraus ein Eishotel und eine Eisbar. Bis alles im Frühling von allein schmilzt und wieder ein Teil der Natur wird. In der Zwischenzeit aber können Besucher in einem der zwischen minus fünf und minus acht Grad kalten, kunstvoll gestalteten Eiszimmer nächtigen. Aber auch ohne Übernachtung kann man sich das Ganze von Nahem ansehen – mit einem Tagesticket zum Bestaunen der Glasunterkünfte, der Eiskunstgalerie und für einen Besuch der einmaligen Ice Bar. Und wer außerhalb der Wintersaison vor Ort ist, kann im sogenannten Icehotel 365 wohnen, in einer der liebevoll eingerichteten Kunst- oder Luxussuiten. *icehotel.com*

3 **Wintermarkt in Jokkmokk:** Jedes Jahr Anfang Februar zieht es Menschen von weit über die Grenzen Schwedisch Lapplands hinaus nach Jokkmokk, das als kulturelles Zentrum der Samen Schwedens gilt. Dann findet dort nämlich seit schon etwa 400 Jahren der samische Wintermarkt statt: Samen aus der gesamten Gegend kommen zusammen, um typische, oft handgemachte Produkte zu verkaufen, seien es Schmuckstücke, Holzobjekte oder Kleidung. Sich aufwärmen und lokale Speisen und Getränke verkosten kann man in zahlreichen Restaurants und Cafés, außerdem klassischen Joik-Gesängen und Geschichten lauschen oder folkloristische Tänze und andere Veranstaltungen bewundern. Und nicht nur das – auch Schlittenhund- oder Rentierfahrten, Eisangeln oder sogar Hubschrauberrundflüge gibt es.. *swedishlapland.com/stories/jokkmokks-market*

4 **Polar Explorer:** Mit einem großen Eisbrecher die zugefrorene Ostsee kinderleicht durchbrechen? Das geht auf einer Fahrt mit dem „Polar Explorer", der in den Wintermonaten in Axelsvik bei Båtskärsnäs, unweit der kleinen Küstenstadt Kalix, ablegt. Doch das eigentliche Highlight der dreistündigen Tour mit dem Powerschiff made in Germany ist der Sprung ins kalte Wasser – zum Glück mit dickem Trockenanzug. Es gibt keine schönere Perspektive auf die zehn oder vielleicht sogar 80 Zentimeter dicke Eisschicht um einen herum, als vom Naturpool in der Ostsee aus. Und wenn einem doch etwas kühl geworden sein sollte, wärmt es sich danach wunderbar auf der Kommandobrücke auf, vielleicht bei einem Plausch mit dem Kapitän. *icebreaker.fi*

5 **Kungsleden Wanderweg:** Schwedens längster Fernwanderweg von insgesamt 440 Kilometern, übersetzt „Königspfad", lässt in den Sommermonaten viele begeisterte Wanderer ihre Wanderschuhe schnüren. Doch keine Sorge – man braucht sich nicht gleich einen Monat Urlaub zu nehmen, um den gesamten Weg zu erwandern. Die Einteilung in gemütliche Tagesetappen erlaubt es nämlich, mühelos ein Teilstück oder ein paar Etappen auszuwählen. Besonders abwechslungsreich sind die 105 Kilometer zwischen Abisko (dem

Beginn des Kungsleden) und der Ortschaft Nikkaluokta (Dauer etwa eine Woche), wo die höchsten Berge Schwedens immer wieder den Blick auf sich ziehen. Übernachten kann man auf gemütlichen Hütten, die sich in Abständen von etwa zehn bis 20 Kilometern finden. Und nein, man muss nicht der erfahrenste Wanderer oder überdurchschnittlich fit sein, um sich ein Stück dieses Weges und damit ein Stück lappländischer Natur zu erobern! *visitsweden.de/aktivitaten/natur-outdoor* (dort nach Kungsleden suchen)

6 **Sarek Nationalpark/Blick ins Rapadalen:** Wer in Lappland Lust auf wegeloses Wandern und eine wahre Herausforderung hat, findet dies im abgelegenen Sarek Nationalpark. Komfort ist dort nicht zu erwarten, dafür gibt es aber über 2000 Meter hohe Berge, an die 100 Gletscher, dramatische Schluchten und Sturzbäche, um nur ein paar Highlights zu nennen. Diese hochalpine Landschaft gilt jedoch nicht als Wildnis, sondern als „lebendige samische Kulturlandschaft", da viele Samengemeinschaften ihre Rentiere im Sommer dort weiden lassen. Der Nationalpark, der zum UNESCO-Welterbe Laponia gehört, ist ebenfalls die Heimat von Elchen und Raubtieren wie Braunbären, Luchsen, Vielfraßen und vielen weiteren. Eine Stippvisite des Sarek, auch für Wanderanfänger, bietet der relativ einfach zu besteigende Berg Skierfe (1179 Meter) mit Schwedens angeblich schönstem Blick, der über das berühmte Tal Rapadalen schweift. *sverigesnationalparker.se/de*

7

Storforsen: Die größten Stromschnellen Skandinaviens sind zu jeder Jahreszeit einen Besuch wert, das meiste Wasser rauscht jedoch im Frühsommer, wenn der Schnee in den Bergen schmilzt. Gut ausgebaute Spazierwege machen es

auch älteren oder gehbehinderten Besuchern leicht, ganz nah ans Wasser, das sich 82 Meter in die Tiefe stürzt, heranzukommen, und Grillstellen am Wegesrand laden zum Feuermachen ein. In der kalten Jahreszeit können die Wege allerdings vereisen und man sollte vorsichtig gehen.

8

Treehotel: Schon Kinder lieben es, auf Bäume zu klettern und träumen oft von einem Baumhaus oder dem Schlafen auf Bäumen. Dieser Traum kann in Schwedisch Lappland

auch für Erwachsene wahr werden: Im Treehotel unweit des Städtchens Harads wohnt man nämlich in den Baumwipfeln! Ob in einem vollkommen verspiegelten Würfel, auf dem man vor lauter Bäumen keinen Wald sieht, in einem Ufo zwischen den Wipfeln oder in einem überdimensionalen Vogelnest – die Kreativität der Betreiber des Treehotel kannte beim naturnahen Entwurf der Unterkünfte keine Grenzen. Um das Gasthaus mit Restaurant zu erreichen, führt ein kurzer Spaziergang mitten durch den Wald. *treehotel.se/en*

9 **Tierische Abenteuer:** Um Elche in freier Wildbahn zu sichten, muss man etwas Glück haben. Sicherheit, etwa 15 „Könige des Waldes" bestaunen zu dürfen, bietet dagegen die Arctic Moose Farm an der E10 von der Küste Richtung Gällivare und Kiruna. Rentiere sind dagegen weniger fotoscheu: Sie laufen auch manchmal in Herden die Landstraßen entlang oder platzieren sich frech in der Mitte. Wer allerdings einmal eine Rentierschlittenfahrt erleben oder mehr über die Rentierhaltung erfahren möchte, findet dazu vielseitige Angebote, von denen dieser Reiseführer einige ausgewählte vorstellt, wie das Wildnisdorf Solberget. Eine Schlittenhundefahrt ist nicht minder spannend und das Angebot dafür ebenso groß, von der Insel-Huskyfarm Jopikgården auf Hindersön im Schärengarten von Luleå bis hin zu der FlyHu Lodge bei Arvidsjaur, wo man nicht nur alles über Huskys lernen kann, sondern auch über das Fliegenfischen. *solberget.com, luleaarchipelago.com, flyhulodge.com*

10 **Herrenhaus & Hotel Filipsborg in Kalix:** Ehrwürdig erhebt sich das hellgelbe Herrenhaus am Fluss, mit Blick auf die Häuser von Kalix auf der anderen Uferseite. Filipsborg ist nicht nur das schönste Gebäude der kleinen Stadt, sondern gilt als eines der imposantesten Herrenhäuser Nordschwedens. Kein Wunder, dass sogar König Carl XVI. Gustaf und Kronprinzessin Victoria dem Gebäude bereits einen Besuch abstatteten. Heute bietet es elegante Hotelzimmer in den Seitentrakten, einen Wohnmobilstellplatz mit Flussblick sowie ein Museum, wo es tief hineingeht in die Geschichte der Telekommunikation. *filipsborg.se*

Kurioses und Besonderheiten

SCHWEDISCH LAPPLAND

Wer Schwedisch Lappland besucht, darf sich immer wieder überraschen lassen. Vor allem von der Natur, aber auch von den Menschen, die mit diesen Naturextremen am nördlichen Ende Schwedens leben. Ein paar Dinge sind gut, vorab zu wissen:

✓ In Schwedisch Lappland gibt es nicht vier, sondern acht Jahreszeiten! Diese Einteilung geht auf den Kalender der Samen, der Urbevölkerung Lapplands, zurück, die im Einklang mit der Natur lebten und teils noch leben und darin viel mehr Feinheiten erkennen. Diese Jahreszeiten heißen Frühlingswinter (März/April), Frühling (April/Mai), Frühsommer (Juni), Sommer (Juni/Juli), Herbstsommer (August), Herbst (September/Oktober), Vorwinter/Herbstwinter (November/Dezember) und Winter (Dezember bis in den März).

✓ Der Herbst ist in Schwedisch Lappland alles andere als trist oder langweilig, auch wenn er die absolute touristische Nebensaison ist. Nach lauwarmen, sonnigen Tagen können bereits die ersten Schneestürme über das Land ziehen, und die Tierwelt ist genauso aktiv wie der Wechsel von Sonne und Wolken, von kalt und warm: Ab Ende September wird nur für wenige Wochen eine Delikatesse aus Kalix gewonnen, der

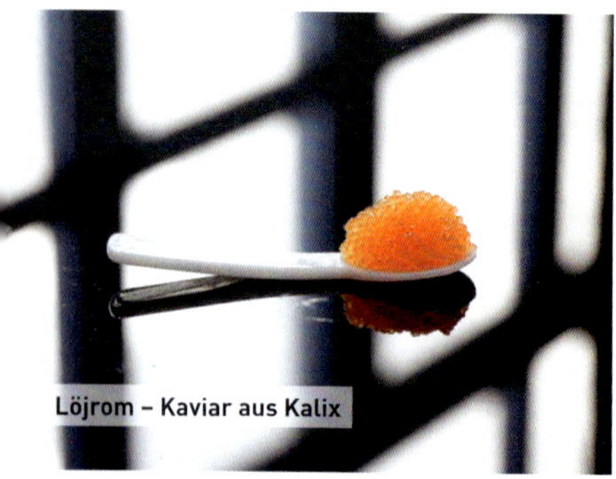

Löjrom – Kaviar aus Kalix

Löjrom, ein Fischrogen, der sich in der gesamten Region großer Beliebtheit erfreut. Und: Im Herbst paaren sich unter anderem die Rentiere, dann kann man in den Wäldern häufig ihren Balzlauten lauschen.

✓ Apropos Rentiere: In Schwedisch Lappland gibt es keine wilden Rentiere. Jedes Rentier hat einen Besitzer und an der jeweiligen Markierung im Ohr ist abzulesen (Kälber werden ab Ende Juni und im Juli markiert), wem das Tier gehört (oft ein Same, in jedem Fall aber ein Mitglied einer Samengemeinschaft). Rentiere gelten allerdings als „halbwild", weil sie im Sommer frei durch Wälder und Berge streifen und sich vollkommen selbst versorgen. Zu Beginn des Winters werden sie von ihren Besitzern zusammengetrieben und kommen ins „Winterweideland" in tiefer gelegene Gebiete, wo sie je nach Klimabedingungen von ihren Besitzern zusätzlich gefüttert werden.

Jedes Rentier hat einen Besitzer.

✓ Man hört immer wieder in Schwedisch Lappland von sogenannten „samebyar", Samendörfern, und stellt sich darunter ein gemütliches Dorf mit Häusern vor. Das sind Samendörfer aber nicht – so werden lediglich administrative Gemeinschaften bezeichnet, innerhalb derer Rentierzüchter organisiert sind. Jedes „Samendorf" darf eine bestimmte Anzahl an Rentieren halten und hat wiederum ein bestimmtes Gebiet zur Verfügung, wo die Rentiere der Besitzer weiden dürfen. Dies umfasst das Gebiet für die Sommer- und die Winterweide, zwischen denen die Tiere wandern bzw. transportiert werden. In diesem Buch wird zum besseren Verständnis oftmals von „Samengemeinschaften" statt „Samendörfern" gesprochen. Es gibt Bergsamen-, Waldsamen- sowie Konzessionssamengemeinschaften (Letztere an der Küste und im Tornedalen).

✓ Die Polarnacht hat einen eigenen Namen: Kaamos, was wörtlich übersetzt „Dunkelheit" bedeutet. Wer aber Polarnächte miterlebt hat, weiß, dass „dunkel" sehr relativ ist, insbesondere, wenn Schnee liegt, der jedes noch so geringe Licht reflektiert. Besonders magisch ist die in der Arktis einzigartige „blaue Stunde" im Dezember und Januar, ein besonderes Lichtphänomen kurz vor und nach Sonnenuntergang – der Himmel verfärbt sich ganz klar Blau, meist gepaart mit feinstem Rosa am Horizont.

Solberget Wildnisdorf

Zugfahrt durch die verschneite Berglandschaft

✓ Wer Schwedisch Lappland im Winter bereisen und dabei auch Zug fahren möchte, sollte flexibel sein: Bei viel Schnee und extremer Kälte wird der Bahnverkehr im Norden ganz eingestellt! Dies liegt nicht immer daran, dass es bereits Schäden an den Gleisen oder sonstige Probleme auf den Bahnstrecken gibt. Nein, man setzt auf Vorsorge! Denn die Erfahrung hat gelehrt, dass es sich äußerst kompliziert gestaltet, Bahnreisende mitten im Nirgendwo aus einem steckengebliebenen und schnell auskühlenden Zug zu evakuieren. Also lautet die Devise, gar nicht erst in diese Verlegenheit kommen.

✓ Die samische Sprache hat mit dem Schwedischen nichts gemein und gehört nicht zu den germanischen, sondern zu den finno-ugrischen Sprachen. Sie gilt als älteste der heute in Nordeuropa genutzten Sprachen, die wiederum in verschiedene Dialekte unterteilt wird. Die Anzahl der samisch sprechenden Menschen wird auf etwa 40.000 bis 50.000 geschätzt. Mittlerweile gibt es zunehmende Bemühungen, die samische Sprache, die lange Jahre aufgrund der Assimilationspolitik verboten war, wieder zu unterrichten. Eine Sprache, die insgesamt an die 100 Wörter für Schnee kennt!

✓ Die Grenze zwischen Schweden und Finnland markiert in Lappland ein Fluss, der Torne älv. Die gesamte Region, genannt Tornedalen, wird gerne als „friedlichste Grenze der Welt" bezeichnet. Wenn nicht gerade ein Coronatest vonnöten ist, fährt man häufig hin und her: Die Finnen kommen zu Ikea in Haparanda und die Schweden kaufen in Finnland manche Güter günstiger in Euro ein. Besonders beliebt an Silvester: Zwei Mal feiern, zuerst auf finnischer Seite, da Finnland eine Stunde vor Schweden liegt, und dann eine Stunde später noch einmal in Schweden.

✓ **Hinweis zum schwedischen Jedermannsrecht:** Viele ausländische Besucher haben schon einmal vom schwedischen Jedermannsrecht gehört, doch viele Einheimische beklagen auch, dass dieses oftmals falsch oder zu weit interpretiert wird – gerade die weite Natur Lapplands scheint dazu zu verlocken. Deswegen hier ein wichtiger Hinweis, was dieses Recht wirklich bedeutet:

- Das Jedermannsrecht erlaubt jedem einen freien Zugang zur Natur und die Ausübung fast jeder Freizeitbeschäftigung im Freien, zum Beispiel Wandern, Radfahren, Bootsfahren, Schwimmen, Skifahren und Reiten.
- Auch das wilde Zelten ist in diesem Rahmen erlaubt, i. d. R. für eine Nacht (Ausnahmen bestehen in manchen Nationalparks, wie dem Abisko Nationalpark, wo man nicht wild zelten darf) – allerdings sollte man dies nicht in der Nähe von Häusern, auf Acker- oder Weideland tun. Als ungeschriebene Regel gilt: außerhalb der Sichtweite von Häusern zelten, um die Privatsphäre der Hausbesitzer nicht zu stören. Im Zweifel die Besitzer um Erlaubnis fragen!
- Man darf für den eigenen Bedarf nicht geschützte Beeren, Pilze und andere Früchte der Natur pflücken oder sammeln (auch hier gelten teils in Nationalparks und Naturschutzgebieten andere Regeln).

Blick über den See Virihávrre im Padjelanta Nationalpark

- Man darf ein kleines, kontrolliertes Feuer entzünden – allerdings nicht auf Klippen und Felsen und nicht, wenn Feuerverbot („eldningsförbud") besteht, was im Sommer bei großer Trockenheit und Waldbrandgefahr oftmals von den Behörden ausgerufen wird.
- Angeln und Jagen sind nicht Teil des Jedermannsrechts, man braucht spezielle Angelkarten („fiskekort") und Jagderlaubnisse.
- Das Jedermannsrecht gilt NICHT für motorisierte Fahrzeuge wie Wohnmobile! Wer nicht auf einem Campingplatz übernachten möchte, sollte sich auf einen Rastplatz oder an den Straßenrand stellen (jeweils max. 24 Stunden) – die Fahrt ins freie Gelände ist nicht erlaubt!

Mehr Infos:

- *visitsweden.de/aktivitaten/natur-outdoor/schwedens-natur/nachhaltiges-reisen/schwedens-jedermannsrecht-in-kurze*
- *schwedentipps.se/jedermannsrecht*

Hammerfest
Alta
Utsjoki
Tromsø
Harstad - Hárstták
Sortland
Ivalo
Narvik - Áhkánjárga
Kiruna
Muonio
Bodø
Sodankylä
Gällivare
Rovaniemi
Mo i Rana
Mosjøen - Mussere
Luleå
SCHWEDEN
Oulu
Skellefteå
Lycksele
Namsos
Umeå
Kokkola
Trondheim
Östersund
Vaasa
Molde
Kuopio
Sundsvall
FINNLAND
NORWEGEN
Jyväskylä
Førde
Lillehammer
Pori
Gävle
Bergen
Turku
OSLO
TALLINN
Stavanger
STOCKHOLM
Kristiansand
Kuressaare
Jönköping
Visby
Aalborg
RĪGA
Liepāja
Aarhus
KØBENHAVN
Daugavpils
© Mapcreator.io | OSM.org | ©DLR | ©Airbus Defense and Space | ©Copernicus

Sand
Andenes
Finnsnes
Storsteinnes
Máze - Masi
Meløyvær
Kilpisjärvi
Guovdageaidnu - Kautokeino
Bardufoss
Harstad - Hárstták
NORWEGEN
Ropijärvenperä
Skánik - Evenskjer
FINNLAND
Lødingen
Narvik - Áhkánjárga
Karesuando
Hetta
Kattuvuoma
Ballangen - Bálák
Abisko
Idivuoma
Raattama
Gásluokta - Kjøpsvik
Alisjávri
Övre Soppero
Muonio
Kebnekaise Fjällstation
Nikkaluokta
Kiruna
SCHWEDEN
Veitservasa
Ritsem
Tjåurek
Svappavaara
Vittangi
Äkäslompolo
Bonnå
NORRBOTTENS LÄN
Junosuando
Kebnats
Kolari
Ståloluokta
Tjautjas
Tärendö
Aggala
Gällivare
Pajala
Sulitjelma - Sulisjielmmá
Kvikkjokk
Porjus
Korpilombolo
Uhtsaluokta
Nattavaara by
Pello
Jokkmokk
Sirkkakoski
Vuoggatjålme
Murjek
Flakaberg
Jäkkvik
Udtja
Ylitornio
Pålkem
Kåbdalis
Arjeplog
Norra Ammarnäs
Övre Svartlå
Moskosel
Kalix
Tornio
Boden
Älvsbyn
Kemi
Arvidsjaur
Sorsele
Abborrträsk
Luleå
VÄSTERBOTTENS LÄN
Malå
Piteå
Fällfors
Storuman
Hailuoto
Norrbyberg
Norsjö
Nästansjö
Skellefteå
© Mapcreator.io | OSM.org | ©DLR | ©Airbus Defense and Space | ©Copernicus

Haparanda und das Tornedal

Rentier auf dem Hof Mangigården

Haparanda und das Tornedal

1. Cape East: eine Sauna wie ein Amphitheater
2. Sandskär: die größte Insel im Nationalpark Haparanda Skärgård
3. Kukkolaforsen: Stromschnellen, Sauna und Fisch
4. Övertorneå, Luppioberget und das Arctic Circle Monument
5. Huuva Hideaway: die im Wald verborgene Bar
6. Pajala: Sommermarkt mit Tradition
7. Kangos: das Lapland Guesthouse
8. Mangigården: zu Besuch bei einer samischen Sängerin

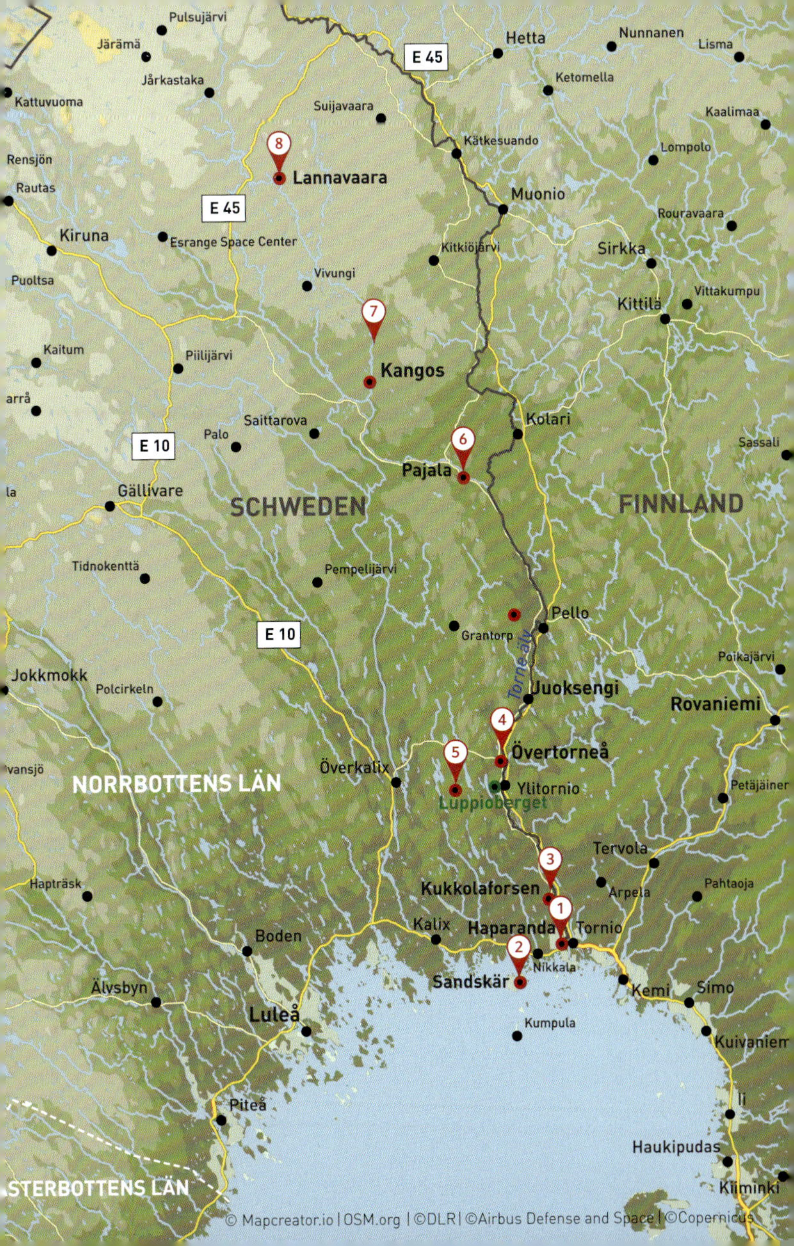
Pulsujärvi
Järämä
Järkastaka
Kattuvuoma
Hetta
Nunnanen
Lisma
E 45
Ketomella
Suijavaara
Kaalimaa
Kätkesuando
Lompolo
Rensjön
8
Lannavaara
Rautas
E 45
Muonio
Rouravaara
Kiruna
Esrange Space Center
Kitkiöjärvi
Sirkka
Puoltsa
Vivungi
Vittakumpu
Kittilä
7
Kaitum
Piilijärvi
Kangos
arrå
Saittarova
Kolari
Palo
6
Sassali
E 10
Pajala
Gällivare
SCHWEDEN
FINNLAND
la
Tidnokenttä
Pempelijärvi
Pello
Grantorp
E 10
Torne älv
Poikajärvi
Jokkmokk
Polcirkeln
Juoksengi
Rovaniemi
4
5
Övertorneå
vansjö
Överkalix
NORRBOTTENS LÄN
Ylitornio
Luppioberget
Petäjäiner
3
Tervola
Hapträsk
Kukkolaforsen
Arpela
Pahtaoja
1
Kalix
Haparanda
Tornio
Boden
2
Nikkala
Sandskär
Älvsbyn
Kemi
Simo
Luleå
Kumpula
Kuivaniem
Piteå
Ii
Haukipudas
STERBOTTENS LÄN
Kiiminki
© Mapcreator.io | OSM.org | ©DLR | ©Airbus Defense and Space | ©Copernicus

1 Cape East

EINE SAUNA WIE EIN AMPHITHEATER

Das gepflegte Cape East Hotel am Meer in Haparanda rühmt sich damit, Schwedens östlichstes Spa-Resort zu sein. Doch Übernachtungen mit Blick über den Fluss Torne, der Schweden von Finnland trennt, sind nicht alles – das Hotel verfügt auch über eine der weltweit angeblich größten Saunas, die an ein Amphitheater erinnert.

In Schweden wohnen, aber nach Finnland hinüberschauen – das geht im Cape East Hotel in Haparanda, direkt an der schwedisch-finnischen Grenze. Der Blick schweift über den Torne älv, den Fluss, der beide Länder voneinander trennt. Im Winter tief vereist und eingeschneit, im Sommer munter plätschernd und von Grün umgeben, das in der kaum untergehenden Sonne badet. Auch die Zimmer, seien es Standardzimmer oder Suiten, sollen einen Teil dieser häufig von Zitterpappeln geprägten Natur widerspiegeln. Angeblich ist dies Schwedens östlichster Punkt, und schaut man auf eine Landkarte, könnte das genau hinkommen.

Doch nicht nur die Unterbringungsmöglichkeiten von Cape East, die unter anderem einen Campingplatz umfassen, sind beliebt, sondern bei den Einheimischen auch der große Wellnessbereich. Ob es wirklich die weltweit größte Sauna ist, die sich im Inneren verbirgt, davon kann man sich selbst ein Bild machen. Manch einen erinnert das offene Design mit den aufsteigenden, hölzernen Saunabänken an ein Amphitheater, laut Cape East selbst wurde es jedoch mit

Blick von der Rezeption über den vereisten Fluss Torne

Gedanken an einen Maya-Tempel gestaltet. 150 Personen sollen dort Platz finden und haben die Wahl, weiter unten weniger zu schwitzen oder auf der höchsten Treppe ganz stark.

Diese Sauna ist das Herzstück des Spa-Bereiches, jedoch längst nicht alles, was er zu bieten hat. Da wären etwa noch Themen-Duschen, in denen man sich beispielsweise wie im Dschungel fühlt, mit entsprechendem Duschstrahl und Urwaldgeräuschen, Eisbäder, Heißwasserpools, in denen man auch bei minus 20 Grad und Schnee rings herum gemütlich im Warmen sitzt, oder ein großer Pool im Freien. Auch eine Stein- sowie eine finnische Sauna und ein Dampfbad fehlen nicht. Und für den besten Weitblick in Richtung Finnland geht es hinaus aufs Dach mit einem weiteren Heißwasserpool.

Im Spa-Bereich gibt es Nutzungszeiten für die ganze Familie, jedoch auch Zeiten nur für Erwachsene, die sich Stille und Ungestörtheit wünschen. Wer mag, kann Spa-Behandlungen wie Gesichts- oder Ganzkörpermassagen hinzubuchen. Und wenn

Der große Außenpool ist im Winter nicht beheizt.

nach so viel Entspannung Hunger aufkommt, bietet das Restaurant mit offenem Kamin in einem separaten Gebäude Köstlichkeiten aus der Region nach Saison an, darunter Fisch aus dem Torne älv, Elch- oder Rentierfleisch aus den benachbarten Wäldern oder Pilze und Beeren des letzten Sommers oder Herbstes.

Hotel- und Spa-Rezeption

Info

Lage: Haparanda liegt an der schwedisch-finnischen Grenze und ist sowohl vom Flughafen Luleå gut zu erreichen als auch von Rovaniemi aus. Zwischen Luleå und Haparanda verkehrt in regelmäßigen Abständen Bus 20, Fahrtzeit zwei Stunden 45 Minuten. Von Rovaniemi dauert die Fahrt bis Kemi mit einem IC gut eine Stunde, von dort geht es weiter mit dem Bus bis Busbahnhof Tornio/Haparanda (ca. 35 Minuten).

Adresse: Sundholmen 1, 95333 Haparanda

Website: *capeeast.se*

2 Sandskär

DIE GRÖSSTE INSEL IM NATIONALPARK HAPARANDA SKÄRGÅRD

Haparandas Schärengarten erstreckt sich hoch oben im Norden, dort, wo die Ostsee endet. Viele der Inselchen gelten heute als Nationalpark, darunter Sandskär, die größte Insel. Dort folgen Besucher einem nicht nur malerischen, sondern auch informativen Naturpfad von fünf Kilometern bis an die Nordspitze mit ihren Sanddünen.

Bis in den Mai hinein ist der Bottnische Meeresbusen von Eis bedeckt, teils stapelt sich das Packeis. Bis die Eisdecke den immer wärmer werdenden Temperaturen nachgibt und sich Einheimische und Besucher gleichermaßen freuen – auf eine Bootstour in den Schärengarten von Haparanda. Ein besonders schöner Tagesausflug führt vom Hafen Nikkala auf die Insel Sandskär mit ihrem etwa fünf Kilometer langen „Naturstig". Der Pfad führt vom kleinen Hafen in Kumpula (mit Toiletten und mehreren Stu-

Ferienhäuschen auf Sanskär

gor, Sommerhäuschen, wo man auch übernachten kann) vorbei an der Holzkapelle hinein in die Natur der Insel. Tipp: Am besten gleich an Bord des Tourbootes das Heft mit Informationen zu den 20 Stationen entlang des Weges erwerben, um die verschiedenen Landschaftsformen, Pflanzen und Tiere kennenzulernen. Im Sommer gedeihen Mariendisteln, Strand-Ehrenpreis, straußblütiger Gilbweiderich und viele weitere bunte Pflanzen am Wegesrand, und mit ein wenig Glück erspäht man sogar einen der vielen auf der Insel lebenden Elche (die übrigens hervorragende Schwimmer sind!). Garantiert aber lassen die Tiere reichlich Losung auf den Pfaden fallen, um ihre Anwesenheit unter Beweis zu stellen – man achte also auf die schokoladenkugelartigen Häufchen am Boden!

Sandstrand auf der Westseite

Wer sich vor recht frischem Wasser nicht scheut, kann ein erstes Bad am einsamen Sandstrand Baatilahti nehmen, ein „verfinnischter“ Ausdruck für Badestrand. Kurz darauf, bei Station 10, ist einer der höchsten Punkte der Insel erreicht, mit Weitblick über die Heide- und Dünenlandschaft. Und über das Stadion! Wer nun an Fußball denkt, wird enttäuscht – auf Sandskär verbirgt sich dahinter lediglich eine große Leerfläche, die ihrer Form nach an eine Fußballarena erinnert. Wer noch kein Mückenspray

Die „Stadion“ genannte Ebene

aufgetragen hat, sollte dies spätestens vor dem Abstieg in den zwar hübschen, aber viele Mücken beherbergenden Kiefernwald tun. Doch bald lichtet sich der Wald und führt der Pfad Richtung der Nordspitze mit ihren weitläufigen Dünen und Stränden, die einem ein Aussichtspunkt am Wegesrand richtig schmackhaft macht. Als Belohnung warten am Endes des Pfades die besten Picknick- und Badeplätze der Insel sowie Grillstellen für alle, die es vielen Schweden gleichtun und Feuer machen möchten. Mit ein wenig Glück können Vogelkenner auch einige der gefiederten Inselbewohner ausmachen, darunter Graugänse, Regenbrachvögel oder Sandregenpfeifer. Um am Nachmittag mit dem Boot zurück an Land zu fahren, muss man nicht einmal zum Hafen zurücklaufen, sondern kann entspannt am Strand liegen, bis das Boot am Horizont auftaucht – das legt nämlich auf der Rückfahrt extra einen Stopp am „Nordudden"-Strand ein, um dort alle „Einweg-Wanderer" wieder einzusammeln.

Pfad durch einen (Mücken)Wald

Info

Lage: im Archipel vor Haparanda

Anreise: ca. eine Stunde per Boot ab dem Hafen von Haparanda, Nikkala (elf Kilometer westlich der Stadt). In den Sommermonaten (etwa Mitte Juni – Mitte August) gibt es mehrmals wöchentlich eine Bootstour von Innala Tours (*innala.se/sv/turbat-sandskar*).

Website: *sverigesnationalparker.se/park/haparanda-skargards-nationalpark*

HINWEIS: Möchte man in einer Stuga auf Sandskär übernachten oder dort wild zelten (zum Beispiel an der Nordspitze), sollte man dies vorab mit Innala ausmachen

3 Kukkolaforsen

STROMSCHNELLEN, SAUNA UND FISCH

Stromschnellen gibt es in Schwedisch Lappland viele. Nicht aber solche, wo man noch traditionell mit einem Netz fischt, mit Blick hinüber nach Finnland sauniert und den Tag mit frischem Fisch aus dem Torne älv ausklingen lässt. Ganz zu schweigen von einem Museum, das Besuchern die Traditionsfischerei des Tornedalen näherbringt.

Er ist der längste frei fließende Fluss Schwedens – der Torne älv, der seinen Ursprung im Torneträsk bei Abisko hat und etwa 500 Kilometer weiter südlich als natürliche Grenze zwischen Schweden und Finnland dient. An dieser Grenze, nördlich der Grenzstadt Haparanda, liegen die Kukkolaforsen, die Stromschnellen von Kukkola, wo die Fischerei lange Tradition hat. Über Jahrhunderte diente sie den Bewohnern des Tals Tornedalen als bedeutende Einnahmequelle, heute gehört sie zu den sommerlichen Lieblingssportarten vieler Einheimischer. Alle am Angeln oder an der Kultur der Region Interessierte bekommen im kleinen Fischereimuseum von Kukkola einen umfassenden Einblick: in die Unterwasserwelt des Flusses (neben dem Kalixälven, Pite älv

Boote und Netze im Museum

und Vindelälven einer der nur vier Flüsse Schwedens, die unerschlossen bleiben müssen), Angelmethoden und die Verbindung von Mensch und Fisch im Tornedalen. Wer sich selbst an der besonderen Methode des „Sikhåvning" probieren möchte – dem Fischen des Süßwasserfisches Felchen mit einem langstieligen Netz, wie man es angeblich nur im Osten der Region Norrbotten und im Amazons tut – kann von Juni bis September eine Stunde Fischen unter Anleitung buchen.

In einigen der ebenfalls zu bewundernden, historischen Gebäude, darunter eine Getreidemühle und ein hydroelektrisches Kraftwerk, gibt es im Sommer sogar Kunstausstellungen lokaler Künstler.

Sauna mit Blick auf den Torne älv

Wer im Hotel, einer der Stugor (Hütten) oder auf dem Campingplatz des Familienunternehmens nächtigt, bekommt Zugang zu den verschiedenen Saunas direkt am Fluss und kann sich zwischendurch am Strand mit einem Sprung in den Torne älv abkühlen. Genau an jener Stelle ist das Wasser seicht und ruhig und das Baden ungefährlich. Doch auch Nicht-Gäste dürfen sich freuen: Jeden Donnerstag im Juli gibt es den Gratis-Saunaabend für alle.

Kommt danach Hunger auf, diniert man im Sommer mit Blick auf die Stromschnellen im hauseigenen Restaurant, wo es je nach Fang nicht nur frischen Fisch aus dem Torne älv gibt, sondern unter anderem auch Gemüse und Obst von den benachbarten Höfen und Wäldern. Besonders exklusiv und romantisch ist das sommerliche „Dinner on the river", wofür auf dem langen Pier ein Tisch für zwei aufgestellt wird und man über der Strömung zwischen Schweden und Finnland speist. Wer es einfacher mag, kann

Restaurant mit Aussicht aufs Nachbarland

stattdessen selbst an einem der Grillplätze grillen, ebenfalls mit Erster-Reihe-Blick auf den Fluss.

Blick über den Torne älv nach Finnland

Info

Lage: Die Kukkolaforsen liegen bei Kukkola am Torne älv, etwa 15 Kilometer nördlich von Haparanda.

Adresse: Kukkolaforsen 184, 953 91 Haparanda

Anreise: ab Haparanda/Tornio Resecentrum (Busbahnhof) mit Bus 53, 54 oder 633 (ca. 20 Minuten, meist mit Endziel Övertorneå oder Kiruna). Die Busse fahren tagsüber in regelmäßigen Abständen. Alternativ sind es mit dem eigenen Wagen ab Haparanda ca. 13 Minuten.

Website: *kukkolaforsen.se*

Aktivitäten: geführte Museumstouren, Angeln unter Aufsicht, Sauna-Spa, Yoga

Restaurant: Im Sommer sind sowohl das Restaurant als auch das Café täglich geöffnet. Gerade fürs Abendessen kann es sich lohnen, einen Tisch zu buchen – erst recht, wenn das geplante Dinner auf einen Sauna-Donnerstag im Juli fällt! Unterkünfte: Man kann an den Stromschnellen sowohl Hotelzimmer als auch ganze Hütten buchen oder einen Stellplatz für Wohnmobil/Wohnwagen bzw. ein Zelt.

4 Övertorneå

LUPPIOBERGET UND DAS ARCTIC CIRCLE MONUMENT

Das verschlafene Overtorneå am Torne älv hat einiges zu bieten: eine der ältesten Orgeln Schwedens, eine „Kunststraße" und einen Berg in unmittelbarer Nähe, wo der Weihnachtsmann wirklich herkommt (nicht etwa aus Rovaniemi!). Damit nicht genug: Gut 20 Kilometer entfernt steht man auf dem Polarkreis unter einem hübsch gestalteten Polarkreis-Monument.

Övertorneå liegt am Torne älv, dem Torne-Fluss, der eine natürliche Grenze zwischen Schweden und Finnland bildet. Ist er im Winter zugefroren, kann man über das Eis in das Nachbarland hinüberspazieren. Ein Sprung über den Fluss ist auch zu Silvester sehr beliebt, wenn man gleich zwei Mal das neue Jahr einläuten kann – eine Stunde früher in Finnland, eine später in Schweden!

Dafür, dass der Ort nicht einmal 2000 Einwohner beheimatet, bietet er eine ganze Menge: Da wäre zunächst die fotogene rote Kirche aus dem 18. Jahrhundert, die in Nordschweden zu den besterhaltenen zählt, und sie ist nicht etwa nur von außen ein Hingucker: Im Inneren verbirgt sie eine Orgel, die an sich einen Superlativ darstellt – sie zählt nämlich zu den ältesten Orgeln Schwedens, die noch immer in Gebrauch sind. Entstanden ist sie 1609 in Deutschland, allerdings für die deutsche Kirche Stockholms, bevor sie mehr als 150 Jahre später nach Norrbotten umzog.

Övertorneås Kirche

Ebenso bekannt ist Övertorneå für seine „Road of Arts", Kunststraße, entlang der alten Bahnstrecke der Gemeinde. Die auffälligen bunten Designs aus zahlreichen Pfählen von verschiedenen Künstlern tragen Namen wie „Sterne unterm Himmel" und „Brücke über die Zeit" und bieten gerade mit der tiefen Wintersonne im Hintergrund wunderbare Möglichkeiten für (Hobby-) Fotografen, sich kreativ auszuleben.

Road of Arts

Blick von Luppioberget über den Torne ölv nach Finnland

Nur elf Kilometer südlich des Städtchens erhebt sich der kleine Luppioberget von nur 192 Metern Höhe, der aber den besten Blick über die lappländische Weite der Gegend bietet, samt Fluss und Schwemmlandinseln. Kein Wunder, dass sich in so einer Traumgegend sogar der Weihnachtsmann angesiedelt hat, auf Schwedisch „tomte". Wer dann genau im finnischen Rovaniemi lebt, darüber sind sich Schweden und Finnen wohl noch nicht einig. Seit Dezember 2021 kann man den Nikolaus auf dem Luppioberget jedenfalls in Stil und Komfort erwarten: beim Übernachten in einer der 40 hölzernen und verglasten Hütten, in der Bar mit Kamin oder im Restaurant, jeweils mit Weitsicht über die Wälder, den Torne älv und rüber nach Finnland.

Doch lohnt sich von Övertorneå aus nicht nur ein Ausflug nach Süden, sondern auch nach Norden – zum gut 20 Kilometer entfernten Polarkreis mit modernem Monument (wie es sich vielerorts an Straßen in Schwedisch Lappland findet, auf denen man den Polarkreis kreuzt), vielleicht mit Rast an der sogenannten Kattilakosi, der angeblich schönsten Raststätte Schwedens. Warum? Nun, wer den Blick über die Stromschnellen des Torne älv in unmittelbarer Straßennähe richtet, wird die Antwort wissen.

Polarkreis-Monument

Das sich kurz nach der Einfahrt ins Dorf Juoksengi rechter Hand erhebende „Polar Circle Monument" ist mit seinem metallenen Globus und Fahnenstangen unübersehbar: Im Wind flattern die Flaggen Schwedens, Norwegens, Finnlands, Islands, Grönlands, Russlands, der USA und Kanadas – der acht Länder, die der Polarkreis kreuzt. Dazu gibt es Erklärungen in verschiedenen Sprachen zum Polarkreis und seinen genauen Breiten sowie zu seiner ständigen Verschiebung.

Info

Lage: Övertorneå liegt am Fluss Torne älv an der finnischen Grenze, 70 Kilometer nördlich von Haparanda. Der Luppioberget befindet sich elf Kilometer südlich davon, während der Polarkreis mit seinem Moment 23 Kilometer weiter nördlich der Stadt liegt, ebenfalls an der Landstraße 99.

Anreise: Die einfachste Anreise ist wie so oft in Schwedisch Lappland mit dem Auto, insbesondere, wenn man nicht nur die Stadt Övertorneå selbst besuchen möchte, sondern auch die Umgebung mit dem Polarkreis-Monument oder dem Luppioberget. Möchte man mit öffentlichen Verkehrsmitteln anreisen, so fährt zum Beispiel ab Haparanda Bus 54, Fahrtdauer ca. eine Stunde, Die Abstände zwischen den Abfahrtzeiten können mehrere Stunden betragen.

Websites:

- Övertorneå: *destinationovertornea.com/points-of-interest*
- Luppioberget: *explorethenorth.se/our-lodges/lapland-view-lodge*. Neben Unterkünften, Restaurant und Bar besteht auf dem Luppioberget auch die Möglichkeit zu einer Hundeschlittenfahrt!

HINWEIS: Am Polarkreis-Monument gibt es ein Café/Restaurant in einem kleinen roten Haus, das Polcirkelhuset, das allerdings nur zwischen Mai und September geöffnet hat; *polcirkelbyn.se/sv/juoksengi/tjanster/foretag/92-polcirkelhuset-sommar-cafe-restaurang*

5 Huuva Hideaway

DIE IM WALD VERBORGENE BAR

Sie gilt als eine der fünf entlegensten Bars der Welt: die 2021 mitten im Wald bei dem Dorf Liehittäjä eröffnete Bar der samischen Familie Huuva. In einem alten Rentiergehege schlürft man Cocktails und probiert kulinarische Highlights aus der traditionellen samischen Küche. Geschichten aus der Welt der Rentierzucht gibt es gratis dazu.

Stundenlang im Wald sitzen und dabei nicht einmal auf die Uhr schauen, weil es einfach nicht langweilig wird – das geht. Erst recht, wenn man in der Bar „Huuva Hideaway" von Pia und Henry Huuva zu Gast ist. Der genaue Standort im Wald bei dem nicht einmal 20 Einwohner starken Dorf ist geheim und wird nur verraten, wenn man sich vorher für einen Barbesuch anmeldet. Denn was zählt, ist nicht etwa Massentourismus, sondern das Rauschen der Blätter und das gemütliche Zusammensitzen der Gäste mit ihren samischen Gastgebern.

Das amerikanische Magazin „Wine Enthusiast" wählte die 2021 eröffnete Huuva Hideaway Bar zu einer der „fünf entlegensten Bars der Welt", gemeinsam mit einer Bar in der Antarktis, einer in St. Helena im Atlantischen Ozean, einer im australischen Queensland und einer auf dem Mount Everest in Nepal.

Wer glaubt, in einer Bar, die aus einfachen, jederzeit wieder abbaubaren Holztischen und -bänken sowie einem Holzunterstand besteht, könne man kulinarisch nichts erwarten, wird eine Überraschung erleben! Die Huuvas erlernten das Mixen her-

Pia Huuva mischt die Natur-Drinks an der Wald-Bar.

Henry Huuva bereitet die warmen Gerichte vor.

Rentierblut-Pfannkuchen

Rentierfleisch mit „Dopp i kopp"

vorragender Drinks von Emil Åreng, der als Schwedens und sogar Skandinaviens bester Bartender gilt. Die ebenfalls servierten Speisen hingegen entstammen der jahrhundertealten Tradition der samischen Küche. Da gibt es „Blodplättar", Blutpfannkuchen aus Rentierblut, gemischt mit Mehl, Salz, Wasser und Piment, darauf eine Crème aus Crème fraîche, Rotkohl, roten Zwiebeln und Preiselbeeren. Oder „Dopp i kopp", frische Kartoffeln, die man in geschmolzene Butter mit Schnittlauch dippt, dazu Rentierfleisch und nebenbei noch gegrillten Fisch, „Löja" (Kleine Maräne). Natürlich dürfen zum krönenden Abschluss selbst gebackene, über dem offenen Feuer erwärmte Kanelbullar, Zimtschnecken, nicht fehlen, neben „Kaffeost", Kaffeekäse. Dieser spezielle Käse hat seine Wurzeln in Nordfinnland und im Tornedalen, wird kurz in den Kaffee geworfen – den man natürlich aus einer traditionellen „Guksi" trinkt, dem samischen Trinkbecher – und dann mit Kaffee vollgesogen gegessen.

Doch es sind nicht nur das einmalige Wald-Ambiente und die zufriedenen Geschmacksnerven, die einen Besuch der Huuva Hideaway Bar zu etwas ganz Besonderem machen. Es ist auch das Zusammensein mit den samischen Gastgebern und manche Geschichte aus Generationen der Rentierzucht, die den Blick auf das Leben der Samen in Schwedisch Lappland erweitern. Und wer sich dafür interessiert, was im Wald neben den bis zu 200 Jahre alten Bäumen noch so wächst, dem gibt Pia Huuva gerne bei einem Waldspaziergang einen Crashkurs.

Neben diesem kulinarischen Erlebnis bietet die Familie auch Unterkünfte einen kurzen Fußweg entfernt an!

Die schnell auf- und abbaubare Küche

Info

Adresse Unterkunft Huuva Hideaway:
Liehittäjä 28, 957 91 Övertorneå

Anreise: am einfachsten mit dem Auto, z.B. von der Küste aus die Landstraße 398 nehmen und am Ende links abzweigen Richtung Liehittäjä (das letzte Stück ist eine Schotterstraße, aber auch für normale Pkw gut befahrbar)

Website: *huuvahideaway.com*

Unterkunft: Bei Huuva Hideaway kann man gemütliche Unterkünfte buchen, unter anderem die Ajtta Lodge in einem 2-stöckigen Blockhaus oder Floataway, eine Hütte für zwei Personen.

HINWEISE:

- Die Bar ist zwischen Juni und Oktober geöffnet.
- Es stehen verschiedene Packages zur Verfügung, zum Beispiel „Sommerpaket" mit frisch zubereiteten, samischen Gerichten, Geschichten und Waldspaziergang.

6 Pajala

SOMMERMARKT MIT TRADITION

Ab Mittsommer sammeln sich nicht nur Sommercafés entlang der Straßen Schwedisch Lapplands, es eröffnen auch vielerorts die sogenannten Sommermärkte. Als einer der größten Norrbottens gilt der Sommermarkt der kleinen Stadt Pajala im Tornedalen. Er findet jedes Jahr zwei Wochen nach Mittsommer statt und ist ein schönes Beispiel für die Zelebration von Licht und Wärme.

Kommt es einem ansonsten in Schwedisch Lappland oft sehr menschenarm vor, so ist an den Tagen des Sommermarkts von Pajala genau das Gegenteil der Fall: Vor der Ortschaft stehen die Autos Schlange und Menschen in Warnwesten weisen die Fahrer zu den offiziellen, an diesem Tag gebührenpflichtigen Parkplätzen. Dies geschieht alle Jahre wieder – pünktlich an einem Wochenende Anfang Juli (Freitag bis Sonntag), am zweiten Wochenende nach Mittsommer. Und das bereits seit dem 18. Jahrhundert, als Pajalas Sommermarkt erstmals für Besucher öffnete.

Sitzgelegenheiten, um Street Food zu verkosten

Kulinarische Köstlichkeiten

Vielleicht waren es damals weniger als die etwa 300 Stände, die heute das gesamte Stadtzentrum zieren und die fast jeden Wunsch ihrer Besucher erfüllen. Wer seinen Vorrat an Gefrierbeuteln aufstocken möchte, wird ebenso fündig wie jemand, der sich des Problems von Katzen- oder Hundehaaren im Haus professionell annehmen möchte. Wer lokales Kunsthandwerk aus Holz sucht ebenso wie einer, der sich

Einer von vielen Schmuckständen

Imbiss mit Hamburgern und Wurst

Suovas-Kebap

für Kerzenständer aus Rentiergeweih interessiert. Und von Gaumenfreuden mal ganz zu schweigen. Es lohnt sich, sich dort anzustellen, wo die Schlange für Suovas-Kebap (Kebap aus geräuchertem Rentierfleisch) am längsten ist, denn dort ist die Spezialität wahrscheinlich auch am leckersten. Oder für Wraps mit frischem Fisch. Oder sollte es eher schwedisches Street Food sein, wie Falukorv oder eine andere Wurstsorte im Brot, oder Hamburger? Zum Mitnehmen empfehlen sich besonders Kekspezialitäten, wie die leckeren „Kangos kakor", Plätzchen, zu deren Zutaten üblicherweise sogar Hirschgeweihsalz zählen soll.

Samisches Kunsthandwerk

Viele der Verkäufer sind gerne bereit, über die verkauften Köstlichkeiten oder Objekte und ihre Geschichten zu erzählen, und für Familien mit kleineren Kindern ist die Bühne inmitten des Marktes ein toller Anlaufpunkt: Dort läuft nahezu den ganzen Tag über ein kinderfreundliches Programm.

Bühne zur Kinder-Unterhaltung

Info

Lage: Pajala liegt im Tornedalen unweit der finnischen Grenze, ca. 180 Kilometer nördlich von Haparanda und 108 Kilometer nördlich von Övertorneå.

Website: *visitpajala.se/upptack/evenemang/Pajalamarknad/*

HINWEIS: Manche der Stände akzeptieren Kreditkarten, bei anderen kann man nur mit dem in Schweden beliebten Swish oder aber mit Bargeld bezahlen. Es empfiehlt sich also, genug Bargeld dabei zu haben, wenn man etwas kaufen möchte. Andernfalls kann man an einem Geldautomaten vor Ort auch Geld abheben.

7 Kangos

DAS LAPLAND GUESTHOUSE

Wer in einem abgeschiedenen Dorf wohnen möchte und an einem ganz persönlichen Touch interessiert ist, der ist im Lapland Guesthouse richtig. Gastgeber Johan und Eva geben ihr Bestes, jeden Gast persönlich zu begrüßen und, soweit möglich, abends in der gemütlichen Bar einen Drink mit ihnen einzunehmen, um Geschichten auszutauschen.

Rezeption und Restaurant im typischen Schwedenhaus

„Wir glauben an einen ‚personal touch' und daran, jedem einzelnen Gast das bestmögliche Erlebnis unseres Gasthauses und von Lappland zu schenken", lautet das Motto von Johan und Eva, der Besitzer des Lapland Guesthouse. Fährt man in das nicht einmal 300 Einwohner starke Dorf Kangos, zeigen sich schon nach wenigen Kilometern rechter Hand die über 100 Jahre alten Blockhäuser des Gasthauses, direkt am Fluss Lainio. Sie standen nicht immer an dieser Stelle, wurden aber dorthin befördert und liebevoll in ihren Originalzustand zurückversetzt, um den Menschen aus der Umgebung und aus aller Welt einen gemütlichen Rückzugsort zu bieten.

Elch-Burger zum Abendessen

Gemütliche Weinbar im Keller

Gemütliches Restaurant des Gasthauses

Das Gasthaus selbst stammt aus dem 17. Jahrhundert und beheimatet außer einem kleinen Geschenkartikelladen das Restaurant, wo es neben umfassendem Frühstücksbuffet auf Wunsch auch ein lokaltypisches Abendessen gibt – zum Beispiel Elchburger. Im Sommer eröffnet an Wochenenden das Sommercafé mit herzhaften Snacks und hausgemachten Kuchen. Besonders beliebt, auch bei den Dörflern selbst, ist jedoch „The Tilted Reindeer", eine gemütlich eingerichtete, die umgebende Natur widerspiegelnde Lounge & Bar, wo Übernachtungsgäste und Einheimische sowie Gastgeber Johan am Abend gerne auf einen Plausch zusammenkommen – bei einem frisch zubereiteten Cocktail, Bier, Wein oder einem anderen edlen Schluck. Wer seinen Drink lieber mit Blick über den Fluss einnimmt, sitzt stattdessen in der Orangeri.

Und dann wären da natürlich noch die eigentlichen Zimmer. Jedes von ihnen hat seinen eigenen Stil, jeder Superior Room auch ein Thema, nach dem das Zimmer eingerichtet ist, darunter Aurora, Snow und Lappland. Daneben gibt es einfachere Zimmer mit Gemeinschaftsbad, aber auch Luxuszimmer, teils mit eigener Feuerstelle, sowie eine schmucke Blockhütte (Viking Cabin) und ein Wildniscamp für ganz rustikales Wohnen. Wer nicht nur mit Flussblick auf den Urlaub anstoßen, sondern auch saunieren möchte, wird ebenfalls nicht enttäuscht – in einer kleinen Blockhütte direkt am Wasser befindet sich eine Sauna samt Jacuzzi.

Im Restaurant gibt es Spezialitäten aus Lappland.

Info

Lage: Kangos liegt etwa 65 Kilometer entfernt von Pajala, in nordwestlicher Richtung.

Adresse: Norra Byavägen 132, 980 63 Kangos

Website: *laplandguesthouse.com*

Aktivitäten: im Winter Schneemobilfahrten, Hundeschlittenfahrten, Rentiersafari, Eisfischen, Schneeschuhwandern und vieles mehr, im Sommer Kanufahrten oder Wandern mit Huskys, Preise nach Absprache

Unterkünfte: Standard Einzel- und Doppelzimmer, Superior- und Luxus-Zimmer, Wiking Cabin, Hukanmaa Wilderness Camp; Zimmer inkl. Frühstück

Restaurant: Die Küche setzt auf regionale Köstlichkeiten aus dem Tornedalen, ein Abendessen sollte man vorab buchen. Im Sommer eröffnet an Wochenenden ein Sommercafé.

8 Mangigården

ZU BESUCH BEI EINER SAMISCHEN SÄNGERIN

Sie war bereits in 30 Ländern auf Tournee, unter anderem in Deutschland – die samische Sängerin Yana Mangi. Wer sie auf ihrem kleinen Hof Mangigården besucht, erhält einen Einblick in die Geschichten hinter ihren Liedern, unter anderem von ihrer früher nomadisch lebenden Mutter, ihrem samischen Hintergrund und ihrem Naturverständnis.

Yana Mangi versteht sich nicht nur als Musikerin – vielmehr als Geschichtenerzählerin. Viele dieser Geschichten vermittelt sie seit über 30 Jahren durch ihre Musik, ihre kraftvollen, persönlich interpretierten Joik-Klänge (Joik gilt als typisch samische Musik, manche sagen gar, sie sei dem Jodeln verwandt), die eine wunderbare Hintergrundmusik bei der Reise durch Schwedisch Lappland darstellen. Doch wer Yana auf ihrem Hof in Lannavaara besucht, erfährt nicht nur sehr viel mehr über die Hintergründe dieser Liedtexte, sondern kann sich vor Ort ein Bild verschaffen von der Natur, die die Sängerin so sehr inspiriert. „Mangigården ist für alle da, die eine Pause vom Leben machen möchten. Hier treffen wir uns und nehmen uns Zeit für das Wesentliche im Leben. Das Treffen. Die Unterhaltung. Die Nähe und die Stille." So lautet das Motto des Hofes.

Gemütliches Beisammensein im Lavvu

Im Winter weiden die Rentiere in Hofnähe.

Yana Mangi entstammt selbst einer Waldsamenfamilie. Ihre Mutter, die in einer Familie von Rentierzüchtern aufwuchs, lebte noch bis 1948 nomadisch und zog mit den Rentieren durchs Land. Die Sängerin möchte Besuchern nicht die Geschichte der

Samisches Kunsthandwerk

gesamten Urbevölkerung Nordeuropas vermitteln, sondern vielmehr die ihrer Familie, mitsamt ihren vielen Höhen und Tiefen – untermalt mit Fotos und Erinnerungsstücken im gemütlichen Lavvu, dem klassisch samischen Zelt, in dessen Mitte in der kalten Jahreszeit ein Feuer lodert. Im Winter befinden sich auch einige Rentiere auf dem Hof. Das ist die Jahreszeit, zu der Yana am liebsten Gäste empfängt, denn dann ist die Landschaft in Weiß gekleidet und das Geschichtenerzählen am Feuer macht am meisten Spaß. Zum Zeitpunkt der Recherche planen sie und ihre Familie auch einen Wohnmobilstellplatz auf dem Grundstück – die Website wird Auskunft geben, wenn es soweit ist.

Die samische Sängerin auf der Bühne

Wer die Sängerin besucht, bekommt nicht nur einen Eindruck von ihrer berührenden Musik, sondern auch einen Einblick in ein lebendiges Stück samischer Familiengeschichte, wie er in Schwedisch Lappland äußerst selten ist.

Yana Mangi und ihre Rentiere

Info

Lage: Lannavaara liegt etwa 130 Kilometer nordwestlich von Kiruna.

Anreise: mit dem Auto ca. 1,5 Stunden Fahrt ab Kiruna Flughafen – ohne Auto ist die Anreise äußerst mühsam und nicht zu empfehlen.

Website: *mangigården.se*

HINWEIS: Die Website vermittelt anhand von YouTube-Videos einen ersten Eindruck davon, wer Yana ist und was den Besucher vor Ort erwartet. Auch viele ihrer Lieder kann man sich gratis online anhören.

Kalix und Överkalix

Auf der Insel Malören

Kalix und Överkalix

9. Kalix: das Ice & Light Village
10. Arctic Treats: Schwedisch Lappland in Schokoladenform
11. Kalix Löjrom Safari: auf den Spuren des Kaviars
12. Malören: die mückenfreie Insel
13. „Polar Explorer": Fahrt mit dem Eisbrecher
14. Filipsborg: Herrenhaus, Rentier-Safaris und vieles mehr
15. Arctic Moose Farm: Elchknutschen bei Överkalix
16. Jockfall: Lachsfischen am Wasserfall

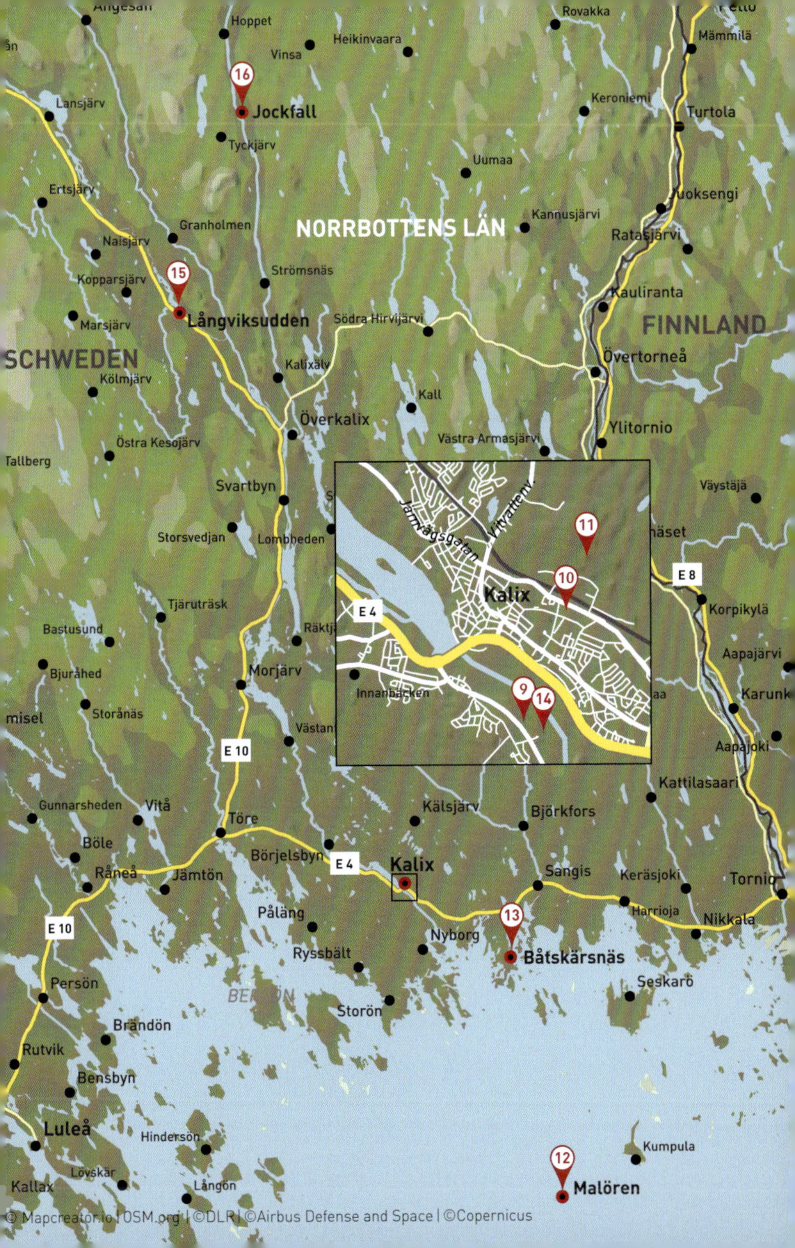

NORRBOTTENS LÄN
SCHWEDEN
FINNLAND
16 Jockfall
15 Långviksudden
11
10
Kalix
9
14
13 Båtskärsnäs
12 Malören
Hoppet
Vinsa
Heikinvaara
Rovakka
Mämmilä
Lansjärv
Tyckjärv
Keroniemi
Turtola
Uumaa
Juoksengi
Ertsjärv
Granholmen
Kannusjärvi
Ratasjärvi
Naisjärv
Strömsnäs
Kopparsjärv
Kauliranta
Marsjärv
Södra Hirvijärvi
Kalixälv
Övertorneå
Kölmjärv
Kall
Överkalix
Ylitornio
Östra Kesojärv
Västra Armasjärvi
Tallberg
Svartbyn
Väystäjä
Storsvedjan
Lombheden
Järnvägsgatan
Vittjärvv.
E 4
E 8
Korpikylä
Tjäruträsk
Bastusund
Räktj
Aapajärvi
Bjuråhed
Morjärv
Innanbäcken
Karunki
misel
Storånäs
Västan
Aapajoki
E 10
Kattilasaari
Gunnarsheden
Vitå
Kälsjärv
Björkfors
Töre
Böle
Börjelsbyn
Sangis
Keräsjoki
Tornio
Råneå
Jämtön
Harrioja
Nikkala
Påläng
Nyborg
Ryssbält
Persön
Seskarö
Storön
Brändön
Rutvik
Bensbyn
Luleå
Hindersön
Kumpula
Lövskär
Kallax
Långön

9 Kalix

DAS ICE & LIGHT VILLAGE

Vom Bett aus nicht nur über einen Fluss schauen, sondern auch Nordlichter beobachten? Das geht – im Ice & Light Village am Fluss Kalixälven, in teils verglasten und doch mollig warmen Iglus in gemütlichem skandinavischem Design. Und das Beste: Das Ganze ist auch noch vollkommen nachhaltig!

Fährt man von Kalix' Zentrum am Fluss entlang Richtung finnischer Grenze, stechen sie sofort ins Auge: fünf Glaskuppeln am gegenüberliegenden Flussufer, die insbesondere, wenn sie abends hell erleuchtet sind, neugierig machen. „Meine Schwester ist Architektin und sie hatte die Idee, moderne Cottages zu bauen, die von einer Iglu-förmigen Hülle umgeben sind. Allerdings, ohne an Komfort und Wärme einzubüßen", erzählt Besitzerin Maarit Lindvall. Muss man in anderen Iglu-Unterkünften oft ganz schön frieren und sich dick anziehen, turteln in den Iglu-Cottages des Ice & Lights Villages auch

Iglu-Wintergarten

Pärchen auf Hochzeitsreise in sehr viel spärlicherer Kleidung und es werden Heiratsanträge gemacht. Die 19 Quadratmeter großen Iglus hält eine Fußbodenheizung warm, die ihre Energie aus denselben Quellen zieht wie ein Elektroauto. Die Verbrennungstoilette mag zunächst gewöhnungsbedürftig erscheinen, doch sie ist eine wunderbar umweltfreundliche Alternative zu klassischen WCs: Alles wird beim Abziehen verbrannt, inklusive des Toilettenpapiers.

Am Abend erstrahlen die Iglus unterm Sternenhimmel.

Um Gästen diese Besonderheiten der Iglus zu erklären, empfängt Lindvall Besucher möglichst persönlich, denn jeder soll sich individuell bedeutend fühlen. „So viele Menschen kommen hierher aus einem stressigen Leben. Hier können sie ein paar Tage lang abschalten, ohne Fernseher, und die Natur genießen." Das ist in den Iglus genauso leicht getan wie gesagt: Die verglaste Front lässt den Blick über den Kalixälven schweifen, während die seitlichen Wände gleichzeitig Privatsphäre garantieren.

Besonders spannend ist eine Übernachtung im Ice & Light Village in den Monaten der Nordlichter – denn was gibt es Schöneres, als den bunten Tanz am Himmel direkt vom Bett aus zu verfolgen? Gerne erklärt die Besitzerin, aus welcher Richtung Nordlichter normalerweise kommen. Und sollten sich diese während des Aufenthalts leider tanzfaul zeigen, dann gibt es zumindest die Chance auf einen traumhaften Sonnenaufgang über dem Fluss, zum Frühstück im Bett, denn Lindvall füllt schon am Vorabend

Sonnenaufgang überm Kalixälven

den kleinen Kühlschrank am Eingang mit allerlei Leckereien für eine ausgiebige Frühstücksrunde am Morgen. Ist es warm genug, kann man auch im „Wintergarten“ sitzen: Zwischen den beiden Glasschichten steht ein kleiner Tisch mit Stühlen, der ideale Frühstücksspot, und noch einen Schritt näher dran an der Natur. Sollte man sich doch von dem Komfort mit Weitblick lösen können, dann hilft Lindvall gern bei der Buchung von Aktivitäten in der Umgebung.

Frühstück im Bett

Info

Lage: Kalix liegt zwischen Luleå (rund 80 Kilometer entfernt) und Haparanda (etwa 50 Kilometer).

Adresse: Nyborgsvägen 175, 952 51 Kalix

Anreise: Kommt man am Flughafen Luleå an, verkehrt bspw. Bus 20 nach Kalix (mit einmal Umsteigen im Zentrum von Luleå). Fahrtdauer ca. zwei Stunden. Schneller geht es wie so oft mit dem Auto. Das Ice & Light Village liegt dem Zentrum von Kalix gegenüber, auf der anderen Flussseite. In der Regel stimmt man die Ankunftszeit mit der Besitzerin Maarit Lindvall ab, sodass sie einen persönlich in Empfang nimmt.

Website: *ice-and-light.com*

HINWEIS: Über das Ice & Light Village lassen sich zu jeder Jahreszeit typische Aktivitäten organisieren, im Winter unter anderem eine Fahrt mit dem Eisbrecher oder eine Hundeschlitten- oder Schneemobilfahrt, im Sommer zum Beispiel Kajak- oder Fatbike-Touren.

10 Arctic Treats

SCHWEDISCH LAPPLAND IN SCHOKOLADENFORM

Schokolade ist an sich schon eine der süßesten Verführerinnen der Welt. Und was ist erst mit handgemachter Schokolade, die zusätzlich den Geschmack von Lapplands Wäldern mitbringt? „Arctic Treats“ in Kalix ist eine kleine Schokoladenmanufaktur mit Café, deren Besitzerin fast jede Beere für ihre Kreationen selbst pflückt.

Kakaobohnen, bereit zur Weiterverarbeitung

Fährt man im ganzjährig geöffneten Pralinenworkshop oder in dem kleinen, an Winterwochenenden geöffneten Schokoladencafé am Kalixälven von Åsa Andersson-Ulvede vorbei, trifft man die schokoladenbegeisterte Besitzerin sehr wahrscheinlich bei der Arbeit an: mit schokoladenbrauner Schürze und ebenso brauner Chefmütze, beschriftet mit „Arctic Treats", übersetzt „arktische Genüsse", dem Markennamen ihrer eigenen Schokoladenkreationen. Es war 2017, dass die gebürtige Stockholmerin die Schokoladenproduktion zu ihrer Berufung machte. „Ich bin ein großer Fan von Schokolade und hatte als Hobby zusammen mit Freundinnen schon lange eigene Schokolade hergestellt. Wir waren die ‚chocolate girls'", erzählt sie. Ihre Spezialität – aus fertiger Schokolade feinste Pralinen hervorzuzaubern, die Schokolade sozusagen zu veredeln. Dazu arbeitet sie mit anderen Schokoladenproduzenten zusammen. Mit Begeisterung berichtet Andersson-Ulvede, wie viele Kleinigkeiten es zu bedenken gibt, die letzten Endes zur unvergesslichen Schokoladenversuchung führen – vom Fettgehalt bis zur peniblen Temperatureinstellung des Ofens. Doch eine der wichtigsten Zutaten ist laut Andersson-Ulvede eine andere: die Natur Schwedisch Lapplands.

Andersson-Ulvede ist stolz auf ihre Pralinen.

Schokolade mit Kräutern von den Bergen bis zur Küste

Diese Natur integriert sie in ihre Pralinen, zum Beispiel in Form von selbst gepflückten, mit Liebe ausgewählten Beeren und Nüssen, die je nach Jahreszeit stets variieren. Pralinen mit See-Kreuzdorn, Preiselbeeren-Karamell oder arktischer Brombeere wird man so schnell nirgendwo anders finden. Dabei läuft die Fantasie der Südschwedin stets auf Hochtouren, mit welchen weiteren Zutaten sie experimentieren, welche weiteren Kreationen sie ausprobieren könnte. So findet sich auf dem Verkaufsregal schon mal eine Schokolade namens „von den Bergen zur Küste" mit Kräutern, die sie in den Bergen Schwedisch Lapplands aufgelesen hat, bis zu solchen, die man in der Küstenregion findet. Ihre Inspiration bekomme sie stets aus der Natur, indem sie manchmal einfach herumfahre oder -laufe und sich von dem verführen lasse, was ihr die Natur gerade biete.

Zu beneiden ist Andersson-Ulvede in jedem Fall, denn zum besten Gelingen insbesondere neuer Pralinenkreationen muss sie sich immer wieder opfern und die

Ergebnisse selbst durchprobieren. „Ich kann ja nicht Pralinen herausgeben, von denen ich selbst nicht überzeugt bin!"

Wer selbst mehr Schokolade futtern möchte, darf sich freuen: Arctic Treats bietet neben einer Pralinenwerkstatt und Pralinenschau auch eine „Arctic Treats Fika" an, in diesem Fall ein schokoladiges Picknick in der Natur, oder in den Wintermonaten regelmäßige Schokoladentreffen rund um ein Lagerfeuer mitten im Wald in Mansbyn bei Kalix.

Info

Lage: Kalix liegt zwischen Luleå (rund 80 Kilometer entfernt) und Haparanda (etwa 50 Kilometer).

Adresse Pralinenworkshop: Furuhedsvägen 29 G, 952 31 Kalix, bei Besuchswunsch vorher per E-Mail oder telefonisch anfragen

Adresse Schokoladencafé: Strandängsbadet, Kalix; meist nur im Winter an Wochenenden geöffnet

Anreise: Kommt man am Flughafen Luleå an, verkehrt bspw. Bus 20 nach Kalix (mit einmal Umsteigen im Zentrum von Luleå). Fahrtdauer ca. zwei Stunden. Schneller geht es wie so oft mit dem Auto.

Websites:

- *arctictreats.se*
- *facebook.com/arctictreatsKalix* (hier werden auch oft Events angekündigt).

HINWEIS: Wer die Möglichkeit verpasst, sich von Andersson-Ulvede persönlich in die Geheimnisse ihrer Schokolade einführen zu lassen oder diese vor Ort zu verkosten, kann Pralinen über die Website bestellen. Dasselbe gilt natürlich im Fall, dass die gekauften Portionen zu schnell aufgefuttert sind, man aber so schnell nicht wieder nach Kalix kommt. Eine Lieferung ins Ausland ist möglich.

11 Kalix Löjrom Safari

AUF DEN SPUREN DES KAVIARS

Eine der feinsten Delikatessen Schwedisch Lapplands kommt aus Kalix – der Kalix Löjrom, ein orangefarbener Kaviar, der nur gut drei Wochen lang im Herbst gewonnen wird. Besucher haben die Möglichkeit, den Fischern bei ihrer Arbeit zuzuschauen und sich anschließend in der Fabrik selbst in mühsamer Handarbeit an die Löjrom-Herstellung zu machen.

Löjrom-Fischer auf der Ostsee

Kein Besuch Schwedisch Lapplands ist vollständig, ohne dass man ihn einmal probiert hätte: den Kalix Löjrom, feinsten orangefarbenen Kaviar, den es auf hochdünnem, hausgebackenem Tunnbröd gibt, zusammen mit Crème fraîche und vielleicht noch ein wenig Zwiebeln, am liebsten als Vorspeise. Die seit 2010 offiziell geschützte Delikatesse wird aus den Rogen von Kleinen Maränen gewonnen, Schwedisch „Siklöja", und zwar ab Ende September bis in den Oktober hinein. Dieses Handwerk gehört seit Jahrhunderten zum Herbst in Norrbotten und wurde vor etwa sieben Generationen gestartet. Wer einmal live dabei sein möchte, vom Moment des Fischens auf der Ostsee bis zur Kaviar-Verarbeitung in der Fabrik, begibt sich auf eine eintägige Tour bzw. „Safari" mit dem Familienunternehmen Cold Adventures aus Kalix.

Nachdem man den Fischern vom Boot aus eine Weile bei ihrer Arbeit über die Schulter geschaut hat, geht es auf die Insel Rånön zur Familien-Stuga. Im Sommerhäuschen mit echtem Bullerbü-

Grillen von Kleinen Maränen im Stuga-Garten

Gegrillte Kleine Maränen

Feeling gibt es zur Einstimmung nicht nur Fischrogen auf Tunnbröd, sondern auch die im Garten frisch gegrillten Kleinen Maränen selbst, die mit Kartoffeln zusammen in einen Wrap kommen.

Warum der Löjrom relativ teuer ist, erschließt sich beim anschließenden Besuch der Fischfabrik, wo man je nach Lust und Laune selbst Hand anlegen und bei der Löjrom-Gewinnung mithelfen kann. Unvorstellbar: Um ein einziges Kilo Rogen zu gewinnen, sind 250 der kleinen, sardinenähnlichen Fische nötig! Während der Arbeit gibt es einiges über die Spezialität zu lernen. Zum Beispiel, dass Löjrom am besten schmeckt, wenn man sich eine zwei bis vier Zentimeter dicke Schicht davon aufs Brot streicht. Oder dass der Löjrom nie wässrig sein darf – richtig gut ist er, wenn man den Löffel mit dem Kaviar darauf umdreht und dieser nicht hinunterrutscht. Auch darf er keineswegs nach Salz schmecken. Von Anfang an zählt jeder Produktionsschritt: Man solle es sich ein wenig vorstellen wie beim Hausbau – wenn man gleich zu Beginn etwas falsch mache, sei das ganze Hausfundament und damit das Haus unbrauchbar, so die Anleitung für Löjrom-Neulinge. Bricht man die Fischchen zu schnell entzwei, dann ist der Kaviar im Inneren schnell ruiniert. Stattdessen heißt es, mit Fingerspitzengefühl vorgehen, bis das orangefarbene Gut, auch „das rote Gold von Kalix" genannt, wie die Wurst aus einer Pelle hervorquillt.

Ist diese Feinstarbeit geschafft, geht es an die Reinigung des Rogen, denn jeder noch so kleine, verbliebene Restabfall muss in Handarbeit herausgefischt werden. Letzten Endes ähneln die Hauptzutaten für gelungenen Löjrom also denen für ein glückliches Leben: viel Liebe und Fürsorge. Ein großzügiges Schälchen mit dem selbst hergestellten Löjrom darf man natürlich mit nach Hause nehmen.

Löjrom-Essen ist eine kleine Zelebration.

Info

Lage: Kalix liegt zwischen Luleå (rund 80 Kilometer entfernt) und Haparanda (etwa 50 Kilometer).

Anreise: Kommt man am Flughafen Luleå an, verkehrt bspw. Bus 20 nach Kalix (mit einmal Umsteigen im Zentrum von Luleå). Fahrtdauer ca. zwei Stunden. Schneller geht es wie so oft mit dem Auto. Die Buchung eines Transfers ab dem Flughafen von Luleå oder ab dem Bahnhof von Kalix ist ebenfalls möglich.

Website: *coldadventures.se/en*

HINWEIS: Ist man nicht gerade Ende September/Anfang Oktober in Schwedisch Lappland, so bietet Cold Adventures über alle acht Jahreszeiten hinweg viele weitere Angebote, um in die Natur der Region einzutauchen. Besonders empfehlenswert sommers wie auch winters: eine Tour auf die Insel Getskär im Schärengarten von Kalix mit Übernachtung in der Insel-Stuga (im Sommer Boottransfer, im Winter Transfer per Schneemobil).

12 Malören

DIE MÜCKENFREIE INSEL

Weit draußen im Bottnischen Meerbusen, etwa 30 Kilometer vor der Küste von Kalix, liegt die nicht einmal zwei Quadratkilometer große Insel Malören. Mit einem Leuchtturm, einer Kapelle, einer Lodge und winzigen Sommerhäuschen. Nicht einmal Mücken verirren sich in diese Einöde, die absolute Stille und ein Gefühl vom „Ende der Welt“ vermittelt.

Leuchtturm, Kapelle, eine Lodge und Sommerhäuser – mehr gibt es nicht.

Etwa eine Stunde braucht das Boot im Sommer, um die hufeisenförmige und atollähnliche Insel Malören mit ihren Sandbänken vom kleinen Hafen in Båtskärsnäs, 20 Kilometer von Kalix entfernt, zu erreichen. Ist das Eis auf der Ostsee im Winter dick genug, dauert es mit dem Schneemobil etwa ebenso lang. Dieses Vergnügen ist nicht nur den einheimischen Sommerhaus-Besitzern vorbehalten, denn die im Winter an sich geschlossene Insel-Lodge bietet auch eintägige Schneemobiltouren auf die abgelegenste Insel des Kalix-Schärengartens an. Es ist eine unvergessliche Erfahrung, über das zugefrorene und zugeschneite Meer auf den Horizont zuzurasen, bis sich die Insel wie eine Oase aus dem winterlichen Meer erhebt. Doch auch im Sommer lohnt sich der Inselbesuch, obwohl Malören eher Stein- als Sandstrände bietet: Es gibt selbst im Hochsommer keine Mücken! Dies hat sich längst unter den Einheimischen und in anderen Regionen Schwedens herumgesprochen, weshalb die einzige kleine Lodge auf der Insel von Juni bis September meistens sehr gut gebucht ist. Aufgrund des schwedischen Jedermannsrechts darf man allerdings auch wild auf der Insel zelten. Ein Boottransfer lässt

Typische Sommerhäuschen

sich trotzdem über die Lodge buchen – oder im Fall einer Gruppe ein Privatboot chartern. Ist die See besonders rau, kann sich die Rückfahrt auch mal um ein paar Tage verschieben – aber darüber beschweren sich die wenigsten Besucher Malörens.

Die stille Insel ist etwa drei Kilometer lang und gilt seit 1997 als Naturreservat. Sieht man sie in der Ferne auftauchen, stechen als Erstes der dunkelrote Leuchtturm von 1851 sowie die ebenfalls rote Kapelle mit einer außergewöhnlich hoch gen Himmel strebenden Spitze ins Auge. Dass sich so viele winzige rote Häuser auf der Insel befinden, ist finnischen Fischern zu verdanken, die sich dort bereits im 17. und 18. Jahrhundert ansiedelten. So waren sie ganz nah dran an den reichhaltigen Fischgebieten, insbesondere für baltischen Hering. Ab der zweiten Hälfte des 18. Jahrhunderts sollen sogar zehn Prozent des Fangs an den Priester von Torneå gespendet worden sein (heute das finnische Tornio, damals gehörte Finnland noch zu Schweden) – der zum Dank für den Bau der Kapelle sorgte. Aufgrund ihrer stolzen Spitze ist

Malörens Kapelle

die Kapelle noch heute als „Skärgårdens domkyrka" bekannt, als die „Kathedrale der Inseln". Als der finnische Krieg von 1808 und 1809 endete und Finnland ein unabhängiges Land wurde, blieb Malören trotzdem im Besitz Schwedens.

Gefiederte Sommer-Gäste

Das Naturreservat Malören umfasst zwar nur gut 180 Hektar, weist aber eine sich zunehmend ausbreitende Vegetation auf: Ebereschen, Strand-Platterbsen, Weidenröschen und Vogelwicken sind nur einige der Pflanzen, die sich auf der Insel bewundern lassen. Auch Vogelbegeisterte kommen auf ihre Kosten – von verschiedenen Möwenarten bis zu Küstenseeschwalben, Regenpfeifern und Steinwälzern gibt es zahlreiche Vögel, die auf der Insel rasten oder nisten.

Info

Lage: im Schärengarten von Kalix, etwa 30 Kilometer vor der Küste

Anreise: Bei Zimmerbuchung in der Lodge ist der Boottransfer ab dem kleinen Hafen von Båtskärsnäs (Norrkust Marina, 20 Kilometer östlich von Kalix) inbegriffen, andernfalls kann man ihn einzeln buchen, dann kann man unabhängig vom offiziellen Fahrplan an- und abreisen oder auf der Insel zelten.

Website: *maloren.se*, auch für Malören Lodge

HINWEIS: Die Lodge bietet nicht nur Tagestouren auf die Insel an für alle, die dort nicht übernachten möchten, sondern auch eine Vielzahl an Aktivitäten, darunter geführte Touren durchs Naturreservat, Kajaktouren rund um die Insel oder Seehundsafaris. Lodge-Gästen steht zudem eine Sauna mit Blick über das Meer offen.

13 „Polar Explorer“

FAHRT MIT DEM EISBRECHER

Einmal live dabei sein, wenn sich ein wuchtiges Schiff mitten im Winter einen Weg durch die zugefrorene Ostsee bahnt – das geht mit dem Eisbrecher namens „Polar Explorer“. Und nicht nur das: Mitten auf dem Meer ist ein Sprung ins enteiste Wasser angesagt, allerdings nicht in Badekleidung, sondern im Trockenanzug.

Wenn man davorsteht, würde man zunächst nicht denken, dass dieser mächtige Eisbrecher, 1976 in Deutschland erbaut, 22 Meter hoch ist und über sieben Decks verfügt, vom Maschinenraum bis zur Kommandobrücke. Und dass er schon viel von der Welt gesehen hat, denn zu seinen Aufgaben gehörte es nicht nur, den Kampf mit dem Eis Lapplands aufzunehmen, sondern auch, riesige Seefahrzeuge von Norwegen bis nach Brasilien zu schleppen. Oder Wasser- und Nahrungsmittelvorräte zu Ölbohrinseln im Arktischen Ozean zu befördern.

Der Polar Explorer ist weit gereist.

Schon vor der dreistündigen Tour ab dem Hafen von Axelsvik/Båtskärsnäs, 20 Kilometer von Kalix entfernt, kann man sich über die Polar Explorer App über das 78 Meter lange und 14 Meter breite Powerschiff informieren. Ist man erst einmal an Bord, geht es zum Vorderdeck, denn von der Spitze des Bugs und seitlich davon lässt sich am besten miterleben, wie das hartnäckige Eis dem Schiff mühelos nachgibt – im Winter schon mal bis an die 80 Zentimeter dick, obwohl der Eisbrecher auch gut ein Meter dickes Eis schaffen würde. Während sich das Licht am arktischen Himmel im Dezember und Januar frühzeitig mit seinem typisch blau-rosafarbenen Schimmer verabschiedet, wälzt sich der Polar Explorer vorwärts.

Das Schiff bahnt sich einen Weg durchs Eis.

Zeit für ein Bad im Trockenanzug

Unvergesslich: mitten im Eis auf der Ostsee

Das Eis knackt und stöhnt, aufgebracht plätschern die zu früh erwachten Wellen der Ostsee hinter dem Heck, bis es nach etwa einer Stunde heißt: Raus aus den Winterjacken und rein in die Trockenanzüge! Denn nun ist es an der Zeit fürs winterliche Bad in dem losgeeisten Pool von etwa zehn bis 15 Meter Tiefe mitten auf dem Meer! Diese knall-orangefarbenen Trockenanzüge sind wenig figurschmeichelnd, halten dafür aber trocken und einigermaßen warm. Auch Schwimmkünste sind nicht vonnöten, denn die Anzüge fungieren wie Rettungswesten. So entspannt man rücklings auf dem etwa null Grad kalten Meer, nimmt den einen oder anderen Eisbrocken zur Hand, der vorbeigleitet, und die ganz Mutigen klettern auf eine Eisscholle und stürzen sich von dort erneut ins kühle Nass.

Nach dem Bad bleibt genug Zeit, einen Spaziergang auf der vereisten See neben dem Eisbrecher zu nehmen, eine Schneeballschlacht mitten auf der Ostsee zu veranstalten – oder das Schiff entlang der ausgeschilderten sieben Stationen näher kennenzulernen. Technisch Interessierte werden ihre Freude haben an den großen Winden mit Stahltrossen, die andere Schiffe aus dem Eis ziehen können. Im Bauch des Eisbrechers befindet sich das Café in der ehemaligen Kombüse (Schiffsküche), wo man auch die vom Bordfotografen geschossenen Fotos vom Ostseebad erwerben kann. Den weiter unten gelegenen Maschinenraum, in dem es stampft und walzt, betritt man am besten mit einem zur Verfügung gestellten Ohrenschutz. Es geht vorbei an einem imposanten Motor von 4730 PS und am Kontrollraum, wo der Zustand der Motoren überwacht wird. Besonders spannend ist es, zum krönenden Abschluss auf der Kommandobrücke zu stehen, Seite an Seite mit einem der beiden Kapitäne, die viel über die Besonderheiten des Eisbrecher-Fahrens berichten können. Und so weiß man auch, wer das offizielle „Eisbrecher-Zertifikat" unterschrieben hat, das es am Ende der Tour für das mit Bravour bestandene Eisbad gibt.

Info

Lage: Der Hafen von Axelsvik/Båtskärsnäs liegt etwa 20 Kilometer von Kalix entfernt, in südöstlicher Richtung.

Adresse: Axelsviksvägen 291 C, 952 95 Båtskärsnäs

Anreise: Öffentliche Verkehrsmittel zum Startpunkt der Tour gibt es nicht. Hat man ein Auto zur Verfügung, reist man am besten damit an. Ansonsten gibt es bei der Tourbuchung die Möglichkeit, einen Shuttle zum Schiff zu buchen, unter anderem ab Luleå und Haparanda, aber auch von Finnland aus.

Website: *icebreaker.fi/*, Tour über die Website buchbar

Fahrplan: Der Eisbrecher verkehrt von Anfang Dez. bis Mitte April, je nach Saison (fast) täglich, manchmal sogar 2x täglich.

HINWEIS: Vorab die Polar Explorer App herunterladen, damit kann man sich bereits mit dem Schiff und den sieben zu besuchenden Stationen vertraut machen.

14 Filipsborg

HERRENHAUS, RENTIER-SAFARIS UND VIELES MEHR

Filipsborg, the Arctic Mansion in Kalix, ist eines der imposantesten Herrenhäuser Nordschwedens und direkt am Fluss gelegen. In den Seitentrakten befinden sich elegante Hotelzimmer, im Herrenhaus selbst historische Schätze. Die Inhaber bieten unter anderem die einzigen Rentier-Safaris der Gegend, Schneemobilsafaris und weitere Aktivitäten an.

Filipsborg, eines der angeblich prächtigsten Herrenhäuser in Nordschweden, ist das schönste Gebäude von Kalix: Direkt am Fluss Kalixälven gelegen, wurde es in der zweiten Hälfte des 17. Jahrhunderts erbaut, die ältesten noch erhaltenen Teile stammen von 1805. Die Hotelzimmer befinden sich in den zwei Nebengebäuden des Herrenhauses und ein Camping- bzw. Wohnmobilstellplatz unterhalb davon, doch Frühstück gibt es im altehrwürdigen Speisesaal des Herrenhauses mit Flussblick. Und wer nicht nur in die Fußstapfen von König Gustaf und Kronprinzessin Victoria treten möchte, sondern auf demselben Stoff Platz nehmen wie die Hoheiten bei einem Kalix-Besuch, darf auf dem „königlichen Sofa" im ersten Stock Platz nehmen. Technik-Interessierte werden stattdessen ihre Freude an dem kleinen Museum auf dem Herrenhausgelände haben: Einer der Bewohner von Filipsborg war der Telekommunikationsunternehmer Jan-Erik Larsson, ein Entwickler des weltweit ersten GSM-Telefons. Das Museum bietet mit jahrzehntealten Handy- und Computermodellen unter anderem eine Reise durch die rasanten technologischen Entwicklungen unserer Zeit.

Elegantes Restaurant mit Flussblick

Gemütliche Doppelzimmer

Doch Filipsborg steht für mehr als nur schickes Wohnen: Die Inhaber bieten eine Vielzahl an Aktivitäten je nach Jahreszeit an, im Winter neben Schneemobilexkursionen zum Beispiel auch die

Bei einer Rentier-Safari kommen die Tiere oft ganz nah heran.

in der Region einzigartigen Rentier-Safaris. Eigentlich ist die Rentierzucht und -haltung Tradition der samischen Urbevölkerung Lapplands, doch besteht an der Küste und im Tornedalen eine Ausnahme: Dort gibt es ebenfalls Rentierhalter nicht-samischen Ursprungs, die jedoch Mitglieder in sogenannten Konzessionssamengemeinschaften sind. Hotelbesitzer Örjan Pekka ist einer davon und nimmt Gäste mit in den Wald, wo die gut 500 Rentiere aller Besitzer der Gegend den Winter verbringen und man beim Füttern zuschauen darf.

Ein Besuch bei den Rentieren ist eine unvergessliche Erfahrung: Sie stürzen sich auf das zu Füßen der Besucher verstreute Futter und kommen ganz nah heran, bis man sich wie ein Teil der Herde fühlt – solange man die einfache Regel befolgt, einem Rentier nicht direkt in die Augen zu schauen und keine ruckhaften Bewegungen zu machen. Sorge, dass ein Rentier angreifen könnte, braucht niemand zu haben – die einzige Verteidigungsmethode, die Rentiere kennen, sei die Flucht, so Pekka.

Nur die Rentierbesitzer wissen, wo ihre Herden sind.

Da es bei Rentierherden die ältesten Kühe sind, die als Leittier ihrer Herde dienen, tragen diese kleine Glocken um den Hals. Es bimmelt wie auf einer Alm, während Pekka sein Wissen über die Rentiere mit seinen

Gästen teilt. Und schaut man sich die bis zu 130 Kilogramm schweren Männchen und an die 80 Kilogramm schweren Weibchen aus der Nähe an, sind viele der Details leicht erkennbar: Damit Rentiere besser in tiefem Schnee laufen können, spreizen sich ihre Zehen beim Auftreten – eine Art naturgegebener Schneeschuh. Farbige Flecken am Po bedeuten, das Tier wurde gezählt und geimpft (nicht gegen Corona, sondern gegen eine besonders gemeine Fliegenart, die sich im Fell festbeißt und Krankheiten verbreitet), und jedes Rentier trägt eine Markierung am Ohr, anhand derer sich der Besitzer ablesen lässt.

Von Nahem kann man die Rentier-Anatomie bewundern.

Info

Lage: Kalix liegt zwischen Luleå (rund 80 Kilometer entfernt) und Haparanda (etwa 50 Kilometer). Das Arctic Mansion liegt gegenüber der Stadt auf der anderen Seite des Kalixälven.

Adresse: Filipsborg Arctic Mansion, Nyborgsvägen 195, 952 91 Kalix

Anreise: Der Zentrale Busbahnhof von Kalix befindet sich nur 1,5 Kilometer entfernt, der Bahnhof von Kalix in sechs Kilometern Entfernung. Von dort kann man sich mit dem Taxi bis zur Filipsborg Arctic Mansion bringen lassen. Ansonsten empfiehlt sich die Anreise mit dem Auto. Auch Transfers sind buchbar.

Website: *filipsborg.se/en/*, Touren sind über die Website buchbar

HINWEIS: Die Rentier-Safari dauert etwa zwei Stunden. Die Tour lässt sich auch buchen, wenn man nicht auf Filipsborg übernachtet und mit weiteren Touren kombinieren, wie einer Schneemobilsafari oder einem Eisbad.

15 Arctic Moose Farm

ELCHKNUTSCHEN BEI ÖVERKALIX

In freier Wildbahn muss man viel Glück haben, um einen Elch zu erspähen. Hundertprozentige Sichtungsgarantie bietet dagegen die Arctic Moose Farm bei Överkalix. Dort lassen sich etwa 15 der imposanten Vierbeiner nicht nur bestaunen, sondern auch füttern. Oder knutschen. Informationen rund um den „König des Waldes" gibt es vom samischen Besitzer Ola Rokka.

Eingang zur Arctic Moose Farm

Strategisch günstiger könnte die Arctic Moose Farm nördlich von Överkalix nicht liegen: direkt an der Schnellstraße E10, die von der Küste bei Kalix in den Norden Schwedisch Lapplands führt, nach Gällivare und Kiruna. „Wir haben vor etwa 15 Jahren aufgemacht", berichtet Ola Rokka. „Bis dahin hatten meine Frau und ich nur Rentiere, aber es waren deutsche Touristen, die uns immer nach Elchen gefragt haben. Und so sind wir auf die Idee mit der Elch-Farm gekommen" – die einzige ihrer Art in Schwedisch Lappland. Rokka kaufte etliche Tiere von anderen Farmen im südlichen Schweden und hält nun auf etwa zehn Hektar Land 15 der Tiere, die fast jeder Lappland-Besucher zumindest einmal gesehen haben möchte.

Die Arctic Moose Farm liegt praktisch an der E10 nach Kiruna.

Steht man vor den hochaufragenden Königen des Waldes mit ihren im Vergleich zum massigen Rumpf etwas schlacksigen weißen Beinen, so kann man sich kaum vorstellen, dass ein Elchkalb mit gerade mal fünf Kilogramm geboren wird, schon fünf Monate später aber 100 Kilogramm auf die Waage bringt. Der schwerste Elch der Farm mag 600 Kilogramm wiegen, die größte Hirschart kann aber durchaus auch stolze 800 Kilogramm erreichen.

In der Wintersaison muss ein Besuch vorab telefonisch abgesprochen werden, da die Farm dann nicht ständig geöffnet ist, doch die „Privataudienz“ beim größten, zehnjährigen Bullen Oskar und seinen Kumpels lohnt sich. Dann hat man nicht nur Ola Rokka mit seinen Elchgeschichten ganz für sich allein, sondern kann auch im Januar wunderbar sehen, dass die männlichen Hirsche nach und nach ihre Geweihe abgeworfen haben oder bald abwerfen werden. Was auf den ersten Blick wie üble Wunden an den Köpfen der Tiere aussieht, ist in Wirklichkeit ein ganz natürlicher Prozess: Jeder Elch wirft einmal im Jahr sein Geweih ab, teils schon im Dezember, meist erst im Januar. So ein Geweih wiegt nämlich an die 27 Kiloramm, die das Tier nach dem Abwurf nicht weiter schleppen muss – also eine Last weniger, die ihm wiederum mehr Energie für die oft bitterkalten und harten Wintermonate spendet.

Ola Rokka muss die Elche regelmäßig füttern.

Kommt Ola mit seinen Eimern voller Futter heran, dann vergessen Oskar und seine Freunde schnell alle Manieren – es wird gedrängelt, gegrunzt und auch mal gebrüllt. Und wenn danach auch noch ein Besucher mit einem Leckerli in Form einer Möhre an den Zaun herantritt, dann gilt auch unter den Waldkönigen das Motto „Wer zuerst kommt, mahlt zuerst“. Aber immerhin: Manches Tier weiß sich zu bedanken, und zwar mit einem „puss“, einem Kuss. Eine bessere Gelegenheit, von einem Elch geknutscht zu werden, gibt es so schnell nicht wieder!

Zur Futterzeit wird schon mal gedrängelt.

Info

Lage: Överkalix liegt etwa 65 Kilometer nördlich von Kalix. Die Arctic Moose Farm liegt etwa 22 Kilometer nördlich von Överkalix direkt an der Schnellstraße E10 Richtung Gällivare und Kiruna.

Adresse: Långviksudden 56, 956 91 Överkalix

Anreise: Zwischen Överkalix und Kiruna verkehren Busse, die jedoch offiziell nicht an der Moose Farm halten. Man kann aber freundlich beim Fahrer nachfragen, ob er einen dort rauslässt. Allerdings ergibt sich bei der Rückfahrt erneut das Problem, dass die ohnehin selten verkehrenden Busse eher nicht auf offener Strecke anhalten werden. Bestellt man sich ein Taxi vom ca. 22 Kilometer entfernten Överkalix, kann das schnell teuer werden. Die beste Möglichkeit der Anreise ist also mit dem Auto.

Website: *facebook.com/Arctic-Moose-Farm-121585184578822*

HINWEIS: In der Wintersaison ist ein Besuch nach Absprache möglich. Am besten ruft man ein paar Tage vor dem gewünschten Termin an.

16 Jockfall

LACHSFISCHEN AM WASSERFALL

Der Wasserfall Jockfall mit der gleichnamigen Gemeinde befindet sich etwa 45 Kilometer nördlich von Överkalix. Dort gibt es die einzige „Lachsleiter" im Kalixälven, die es den hiesigen Lachsen ermöglicht, trotz Wasserfalls weiter flussauf zu wandern. Außerdem gilt der Ort als einer der besten in ganz Europa zum Lachsfischen.

Im Sommer sammeln sich viele Angler am Jockfall.

Wer gerne frei oder unter Anleitung angelt, der kommt an Jockfall nicht vorbei: Direkt an einem rauschenden Wasserfall im Kalixälven, dem Fluss, der an der Küste bei Kalix in die Ostsee mündet, werfen Hobby- und professionelle Angler ihre Ruten aus. Das Objekt der Begierde der meisten ist der baltische Lachs. Die Saison beginnt laut Robin Landin, einem der Besitzer der Unterkünfte am Jockfall und Betreiber vieler Aktivitäten vor Ort, am 20. Mai – und zwar nicht nur zum Lachs-, sondern auch zum Hecht-Fischen. Hinzu kommen ab Anfang Juni Äschen und Barsche. Die Lachssaison dauere bis Ende August, alle anderen Fische (außer Forellen) könne man noch bis zur Eisbildung fischen – Barsche eigneten sich sogar zum Eisfischen im Winter, zwischen Dezember und April.

Jockfall gehört zu den europäischen Hotspots in Sachen Lachsfischen. Besonders sehenswert ist auch die dort angelegte, einzige „Lachsleiter" des Kalixälven, die es den Fischen ermöglicht, trotz Hindernis durch den Wasserfall weiter flussauf zu wandern. Die Leiter dient außerdem zum Zählen, wie viele Fische genau

Lachsleiter

passieren – je nach Jahr können es Tausende sein, von denen manche um die 25 Kilogramm wiegen sollen.

Wer nicht allein im Fluss auf sein Angelglück warten möchte, kann bei Jockfall eine geführte Tour nach Wunsch buchen. Lachse und Äschen fischt man direkt neben den gemütlichen Unterkünften, zum Fischen von Barschen und Hechten geht es zu einem nahe gelegenen Fluss. Und selbst Nicht-Fischer finden in Jockfall einen Rückzugsort, wo sie stundenlang am Fluss sitzen und den Lachsen dabei zusehen können, wie sie teils in delfinartiger Manier über die Wasseroberfläche springen.

Wer ein solches Exemplar angelt, kann stolz sein.

Darüber hinaus bietet die Umgebung Jockfalls wunderbare Möglichkeiten zum Wandern und

Der imposante Wasserfall

Mountainbiken oder Fatbiken. Eine schöne Wanderung für die ganze Familie führt zum Aussichtshügel Laxforsberget – beispielsweise unter der Mitternachtssonne, denn Jockfall liegt bereits 15 Kilometer nördlich des Polarkreises. Wer im Winter vor Ort ist, kann sich neben dem Eisfischen auch im Schneemobilfahren üben, auf Schneeschuhen wandern, an einer Schlittenhunde- oder Nordlicht-Tour teilnehmen.

Info

Lage: Jockfall liegt etwa 45 Kilometer nördlich von Överkalix.

Adresse: Jockfall Turist & Konferens AB, Tjärvägen, 956 92 Överkalix

Anreise: mit dem Auto knapp zwei Stunden ab Flughafen Luleå; ab Överkalix verkehrt Bus 994 nach Jockfall, ca. 50 Minuten

Website: *jockfall.com*

Unterkunft: Die Auswahl besteht zwischen Apartments, Hütten, Stellplätzen für Wohnmobile und Zeltmöglichkeiten.

Rund um Gällivare

Übernachten auf Samisch bei Sápmi Nature

Rund um Gällivare

17. Gällivare: Tor zum Laponia-Welterbe
18. Sápmi Nature: Glamping im samischen Stil
19. Stora Sjöfallet Nationalpark: Herz des Laponia-Welterbes
20. Padjelanta Nationalpark: mit dem Helikopter zum Virihávrre
21. Solberget Wildnisdorf: zurück zu den Ursprüngen

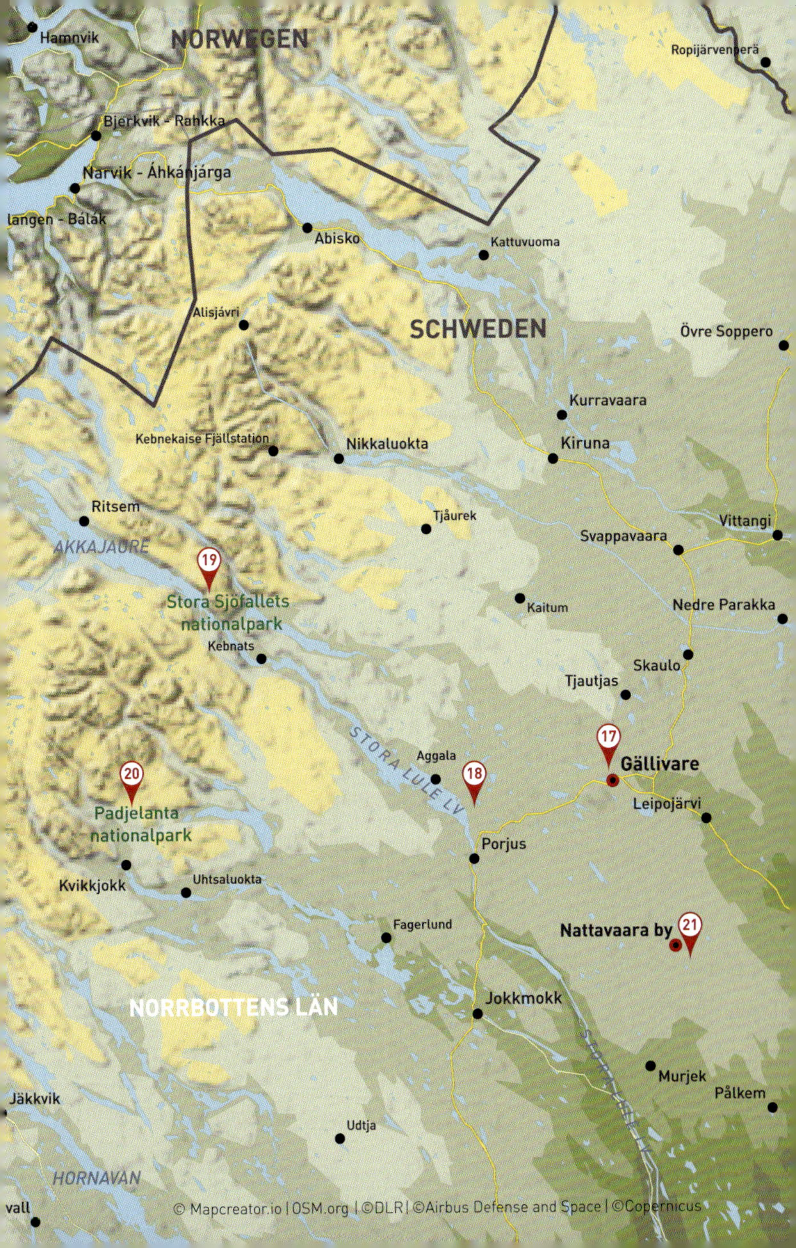

NORWEGEN
SCHWEDEN
Hamnvik
Ropijärvenperä
Bjerkvik - Rahkka
Narvik - Áhkánjárga
langen - Bálák
Abisko
Kattuvuoma
Alisjávri
Övre Soppero
Kurravaara
Kebnekaise Fjällstation
Nikkaluokta
Kiruna
Ritsem
Tjåurek
Vittangi
Svappavaara
AKKAJAURE
19
Stora Sjöfallets nationalpark
Kaitum
Nedre Parakka
Kebnats
Skaulo
Tjautjas
STORA LULE ÄLV
17
Gällivare
Aggala
18
20
Padjelanta nationalpark
Leipojärvi
Porjus
Kvikkjokk
Uhtsaluokta
Fagerlund
Nattavaara by
21
NORRBOTTENS LÄN
Jokkmokk
Murjek
Pålkem
Jäkkvik
Udtja
HORNAVAN
vall
© Mapcreator.io | OSM.org | ©DLR | ©Airbus Defense and Space | ©Copernicus

17 Gällivare

TOR ZUM LAPONIA-WELTERBE

Zugegeben, eine umwerfende Schönheit ist die Stadt Gällivare mit ihren ca. 8500 Einwohnern auf den ersten Blick nicht. Und doch lohnt ein Stopp von einem halben oder einem Tag – schon, um einen der wohl hübschesten Bahnhöfe Schwedens zu bewundern oder vom Hausberg Dundret an klaren Tagen den Kebnekaise zu erspähen.

Es ist die kleine weiße Kirche, die sogleich auffällt, wenn man Gällivares Zentrum erreicht – eine Kirche, die nach mehr als zehn Jahren Bauzeit 1882 eingeweiht wurde. Je nach Perspektive lässt sie sich mit dem oft bis in den Frühling hinein verschneiten Hausberg Gällivares im Rücken, dem Dundret, ablichten, der sich auf 823 Meter erhebt. Und der ist der ganze Stolz der Stadt – im Winter als Skisportgebiet mit Skilift, sei es für Abfahrtsski oder Langlauf, selbst Skikurse werden angeboten. Und damit nicht genug: Wer nicht gerne auf den dünnen Brettern steht, dafür aber tierlieb ist, kann auf dem Dundret eine Hundeschlittenfahrt unternehmen. Im Sommer sind hingegen die Wanderwege von der City auf den Berg beliebt, oder man fährt bequem mit dem Auto bis zum Ende der Straße hoch und wandert von dort zum Gipfel. Für Stärkung sorgt oben ein Restaurant mit Traumblick – der an klaren Tagen tatsächlich bis zu Schwedens höchstem Berg reicht, dem Kebnekaise – und wer gerne mit Weitblick wohnt, hat die Auswahl von einer originellen „Aurora Hut" über das „Dundret Fjällhem" bis zu Campingmöglichkeiten. Dass der Dundret im Winter ein hervorragender Ort ist, um Nordlichter zu beobachten, versteht sich für einen Berg nördlich des Polarkreises von selbst.

Gällivares Kirche

Doch auch Gällivares Zentrum selbst ist nicht ohne Charme. Da wäre zunächst der historische Bahnhof, 1894 fertiggestellt, im sogenannten „altnordischen Stil". Dieser beschreibt die nordische Holzarchitektur, die sich im 19. Jahrhundert aus den Gedanken der Neugotik entwickelte. Laut Meinung vieler ist dieser Bahnhof gar der schönste Schwedens. Überlaufen ist er nie – auf den Bahnsteigen sammeln sich vor allem dann Reisende, wenn die „Inlandsbanan" von Kristinehamn im südlichen Schweden nach 1288 Kilometern ihr Endziel Gällivare erreicht. Doch die Stadt liegt auch an der Strecke der „Malmbanan" zwischen Luleå und der Stadt Narvik in Norwegen. Im Bahnhof befindet sich eine Touristeninformation zu Gällivare und den umgebenden Nationalparks, im Obergeschoss des Bahnhofs befand sich zur Zeit der Recherche noch eine interessante Ausstellung zum Laponia-Welterbe und der Natur der Region. Am besten fragt man in der Touristeninformation nach, ob ein Besuch möglich ist. Darüber hinaus lohnt sich ein Besuch des kleinen kulturhistorischen Gällivare Museums, rund um die geschichtliche Entwicklung

Gällivares Bahnhof – der schönste Schwedens?

Gällivares und mit Informationen dazu, wie Gällivare, genau wie Kiruna, durch Erzbergbau zu Wohlstand gelangte.

Was viele Besucher nicht wissen – auch in Malmberget, unweit der Innenstadt von Gällivare, müssen Menschen und Gebäude genau wie in Kiruna wegen Grubenaktivitäten immer wieder umziehen. Und auch dort sind Grubenbesuche möglich – ein Besuch der Eisenerzmine LKAB Malmberget, die einen Einblick in den gesamten Abbauprozess vermittelt, oder von Boliden Aitik, dem größten Kupfertagebau in Europa.

Info

Lage: Gällivare liegt ca. 70 Kilometer nördlich des Polarkreises, etwa 120 Kilometer südlich von Kiruna.

Anreise: Gällivare verfügt über einen eigenen Flughafen, liegt aber auch an der Bahnstrecke von Luleå nach Narvik in Norwegen, wie ebenfalls Kiruna und Abisko, und ist Endstation der „Inlandsbanan" von Kristinehamn in Südschweden. Mit dem Auto ist die Stadt ab der Küste gut über die E10 zu erreichen.

Websites:

- *gellivare.se* (hier unter Kommun–Fritid–Upptäcka & göra (leider nur Schwedisch); ansonsten lohnt sich vor Ort ein Besuch der Touristeninformation im Bahnhof.
- *dundretlapland.com;* die Website gibt im Winter auch die Öffnungszeiten des Skilifts bekannt.

Aktivitäten:

- Gällivare Museum: Storgatan 16,982 31 Gällivare, *gallivare.se* (hier unter Kommun–Kultur–Museum)
- Grubentour LKAB Malmberget oder Boliden Aitik: *gallivare.se* (hier unter Kommun–Fritid–Upptäcka & göra–Aktiviteter–Aret runt–Gruvturer). Beide Touren müssen im Voraus gebucht werden und finden meist nur ab einer bestimmten Anzahl an Besuchern statt.

18 Sápmi Nature

GLAMPING IM SAMISCHEN STIL

Wo genau sich das kleine Camp Sápmi Nature am Fluss Luleälven befindet, erfährt nur, wer dort eine Übernachtung bucht. Dort erwartet den Besucher mehr als nur eine Nacht in einem gemütlichen Lavvu, dem samischen Zelt: Gastgeber Lennart teilt seine Geschichten über die Natur und samische Kultur – unter anderem beim gemeinsamen Kochen samischer Speisen.

Platz für Geschichten und Austausch

„Ich wollte einen Ort schaffen, an dem ich die Menschen raus in die Natur bringe", lautet das Motto von Lennart Pittja, der das Sápmi Nature Camp 2016 eröffnete. Er selbst wuchs in einer Familie von Rentierzüchtern auf und seine liebevoll eingerichteten Lavvus, samische Zelte, stehen auf Weideland direkt am Luleälven, unweit des Stora Sjöfallet Nationalparks, das seine Samengemeinde seit Tausenden von Jahren nutzt. Statt jedoch weiter mit den Rentieren zu arbeiten, entschied sich Lennart, auf verantwortungsbewussten Tourismus zu setzen und mit seinen Gästen samisches Wissen und samische Fähigkeiten zu teilen. Er ist ein Geschichtenerzähler, und am Tisch der gemeinsamen Küche wird über alles gesprochen, was Lennart und seinen Besuchern in den Sinn kommt: darüber, wie die Samen 7000 Jahre lang in Lappland lebten, aber keine Spuren hinterlassen haben. Darüber, wie sie schon den Klimawandel spürten, noch bevor es überhaupt einen Begriff dafür gab. Über seine Hoffnung für die Natur und die Zukunft der Rentierzucht.

Ein weiteres besonderes Erlebnis ist es, gemeinsam mit Lennart typisch samische Speisen zuzubereiten – wenn man mag, sonst gibt es auch fertig servierte Mahlzeiten. Hoch oben auf der samischen Speisekarte stehen Fisch, Rentier- und Elchfleisch, aber auch Vegetarier und Veganer finden Alternativen. Das Ganze wird stets angereichert mit Beeren und Gewürzen aus der Region. Bei so viel kultureller und kulinarischer Abwechslung rückt die eigentliche Übernachtung zunächst in den Hintergrund, dabei ist sie ein absolutes Highlight: Glamping auf Samisch bedeutet, man schläft in einem gemütlichen, mit Doppelbett, Ofen und Möbelstücken nach samischer Tradition eingerichteten Lavvu, das an ein Tipi-Zelt erinnert. 2022 ist sogar ein Lavvu Deluxe dazugekommen, das den Komfort eines Hotelzimmers vermittelt, mit eigener Toilette. Alle anderen Lavvu-Gäste teilen sich hingegen eine Verbrennungstoilette neben dem Hauptgebäude.

Kaffee darf man über dem offenen Feuer kochen.

Molte- und Blaubeeren wachsen ab dem Spätsommer in der Gegend.

Wer Ausflüge in die Umgebung unternehmen möchte, bekommt von Lennart nicht nur Tipps, sondern auch die nötige Ausrüstung. Auch besteht die Möglichkeit, im Winter Rentierzüchter und ihre Tiere kennenzulernen. Und um den Tag ausklingen zu lassen, lädt die Sauna am Flussufer ein – eine kleine hölzerne Kabine mit Blick in die Natur, wo man sich auf Wunsch zum Saunabad lokale Snacks oder Getränke servieren lassen darf. Wer darauf hofft, Nordlichter zu erspähen, hat im Sápmi Nature Camp ebenfalls beste Aussichten darauf.

Sauna mit Flussblick

Info

Lage: Bei Gallivåre auf der Strecke zum Stora Sjöfallet Nationalpark. Bei der auf der Website angegebenen Adresse in Gällivare handelt es sich nur um die Postadresse – die genaue Lage des Camps bekommt man erst bei der Buchung mitgeteilt! Die grobe Richtung geht von Gällivare zum Nationalpark Stora Sjöfallet.

Anreise: wird bei Buchung erklärt

Websites: *sapminature.com.* Ist man an einer Buchung interessiert, füllt man das Formular aus und tritt mit Gastgeber Lennart Pittja in Kontakt – der die genauen Konditionen abklärt und sicherstellt, dass die Gäste wissen, was sie erwarten dürfen oder nicht.

Aktivitäten: Neben dem Eintauchen in die samische Kultur und Essentraditionen bieten sich gerade im Winter Ausflüge an, zum Beispiel auf Langlaufskiern oder Schneeschuhen. Es gibt auch eine Vogelfütterungsstation nahe dem Camp. Außerdem besteht die Möglichkeit, eine Rentierzüchterfamilie und ihre Tiere zu treffen.

19 Stora Sjöfallet Nationalpark

HERZ DES LAPONIA-WELTERBES

Er wird gemeinhin „das Herz des Laponia-Welterbes“ genannt – der Nationalpark Stora Sjöfallet, gut 130 Kilometer nordwestlich der Stadt Gällivare. Dort flitzen die Einheimischen in den Wintermonaten auf Schneemobilen von Tal zu Tal oder eisfischen auf den Seen, während sich im Sommer Wanderer auf einem durch den Park führenden Teilstück des Kungsleden sammeln.

Auf der Wanderung zum Wasserfall

Seit 1996 besteht das Laponia-Welterbe mit seinen vier Nationalparks Stora Sjöfallet (Schwedens drittgrößter Nationalpark), Muddus, Sarek und Padjelanta, zwei Naturschutzgebieten und drei weiteren Regionen. Der schon 1909 eingeweihte Nationalpark Stora Sjöfallet liegt inmitten dieser abwechslungsreichen, von Bergen, Gletschern, Birken- und Kieferwäldern sowie Feuchtgebieten geprägten Natur. Und von den nach wie vor bestehenden Traditionen der Samen, der Urbevölkerung Lapplands, die im Frühling mit ihren Rentierherden von den Tälern oder von der Küste zurück in die Berge ziehen. Und so vielseitig, wie sich die Landschaft zeigt, so variiert auch das Klima: Zwischen dem Winter mit bis zu minus 40 Grad und dem Sommer, wenn die Temperaturen bis auf plus 30 Grad steigen können, manifestiert sich in und um den Nationalpark Stora Sjöfallet also leicht ein Temperaturunterschied von 70 Grad!

Der Name „Stora Sjöfallet", Stuor Muorkke auf Samisch, verspricht einen großen Wasserfall und galt tatsächlich einst als

Blick über den Luleälven im Spätwinter

„Niagara des Nordens" – doch heute suchen Besucher diese Pracht leider vergebens. Ab 1919 wurde der durch den Park rauschende Fluss Luleälven immer mehr von Menschenhand kontrolliert, insbesondere durch den Suorvadamm (dessen vierte und letzte Etappe wurde 1972 geöffnet) und das Kraftwerk Vietas von 1971. Dementsprechend gezähmt plätschert das Wasser des Stuormuorkkegårttje genannten Wasserfalls nun im Sommer, den man über eine leichte Wanderung erreicht. Der Stora Sjöfallet Nationalpark breitet sich zu beiden Seiten des Stausees Akkajaurre aus, bis zur nördlichen Grenze am Dievssávágge-Tal.

Das den Nationalpark dominierende Akka-Massiv trägt den Titel „Königin von Lappland". Dessen Gebiet, das man am besten von der Ortschaft Ritsem per Boot erreicht, umfasst stolze zehn Gletscher und 13 Gipfel, darunter den höchsten Berg des Stora Sjöfallet Nationalparks, den Stortoppen mit 2015 Metern. Wer wandern möchte, bekommt aktuelle Informationen und Karten im unweit der Straße gelegenen Naturum – dem Informationszentrum zum Welterbe Laponia. Dort gibt es jedoch nicht nur Tipps für Aktivitäten und Ausflüge zu allen vier Nationalparks, sondern auch spannende Ausstellungen zur Natur des Welterbes und zur Kultur der Samen und ihrer Rentierzucht. Und ein Café mit sehr leckeren, selbst gebackenen Kuchen und Waffeln!

Selbst in der kalten Jahreszeit ist ein Besuch des Nationalparks möglich – Schneeschuhwandern und Skilanglauf erfreuen sich bei den Einheimischen großer Beliebtheit, ebenso wie Eisfischen auf einem der vielen Seen der Region. Allerdings ist die Fortbewegung ohne Schneemobil zu entlegeneren Tälern schwierig, sodass es sich lohnt, eine Tour zu buchen, zum Beispiel über die Stora Sjöfallet Mountain Lodge.

Info

Lage: Der Nationalpark Stora Sjöfallet liegt gut 130 Kilometer nordwestlich von Gällivare.

Anreise: Der nächste Flughafen befindet sich in Gällivare, dort mietet man sich am besten ein Auto und erreicht nach ca. eineinhalb Stunden das Informationszentrum Naturum.

Websites: *laponia.nu/naturum-2*

Aktivitäten: Im Besucherzentrum Naturum gibt es Informationen zu Wanderungen in den vier zum Laponia Welterbe gehörenden Nationalparks, Ausstellungen zur Natur und zum Leben der Samen; Café mit Snacks und schwedischer Fika.

Übernachten im Nationalpark: Die Stora Sjöfallet Mountain Lodge bietet Einzel- und Doppelzimmer mit eigenem Bad, Ferienwohnungen mit drei Schlafzimmern und Stellplätze für Wohnmobile und Zelte mit den entsprechenden sanitären Einrichtungen. Vor Ort befindet sich ein Restaurant, wo man je nach Saison mittags und abends essen kann. Tourenangebote für Sommer und Winter, zum Beispiel Wanderungen, geführte Skitouren, Fischen etc.; Stora Sjöfallet, 982 99 Vietas, *storasjofallet.com*

20 Padjelanta Nationalpark

MIT DEM HELIKOPTER ZUM VIRIHÁVRRE

Der Padjelanta Nationalpark ist der größte Nationalpark Schwedens. Um sein Herz und den angeblich schönsten See Schwedens, den Virihávrre, zu erreichen, muss man vier Tage wandern. Oder man gönnt sich einen unvergesslichen Helikopterflug in die Berge und steht nach 20 Minuten vor dem abgelegensten Kiosk des Landes, den ein samisches Paar betreibt.

Fiskflyg ist ein Traditions-Helikopterunternehmen.

Wer viel Zeit mitbringt, kann Schwedens größten Nationalpark Padjelanta, der zum UNESCO-Welterbe Laponia zählt, auf 160 Kilometern erwandern – von Kvikkjokk bis nach Ritsem (am Schluss setzt man mit dem Boot über den Fluss über) oder umgekehrt. Wer nicht ganz so viel Zeit hat, aber trotzdem neugierig auf ein „Best of" des Nationalparks ist – die Gegend rund um den See Virihávrre mittendrin – der steigt in Kvikkjokk oder Ritsem in einen Helikopter und gut 20 Minuten später mitten in der Natur und fernab von jeglicher Telefonverbindung wieder aus. Am aktivsten ist in der Region das Helikopterunternehmen Fiskflyg, das bis zum Ende der 1990er-Jahre mit Wasserflugzeugen den Fischfang der Samenfamilien aus dem Nationalpark zu den Kunden brachte. Wer heute mit dem Helikopter in den Padjelanta Nationalpark fliegt, tut es den modernen samischen Ureinwohnern gleich: Die bedienen sich ebenfalls oftmals eines Helikopters, um zu ihren Sommeraufenthaltsorten in den Bergen zu gelangen, um Fisch und weitere Waren aus dem Nationalpark zu fliegen, sich Lebensmittel bringen zu lassen oder um beim Zusammentreiben der Rentiere zu helfen. An klaren Tagen bekommt man aus der Luft ein wunderbares Gefühl dafür, wie wasserreich der Padjelanta Nationalpark mit seinen unzähligen Seen, Flüssen und Wasserläufen ist.

Zufluss in den Virihávrre

Samische Kirche in Stáloluokta

In samischer Sprache bedeutet Padjelanta „hohes Land". Es ist ein Land, wo ab dem Frühling die Rentiere mancher Samengemeinschaften weiden und wohin die Besitzer im Sommer kommen, um Rentierkälber zu markieren. Doch es gibt auch ein samisches Paar, das den ganzen Sommer im Nationalpark verbringt – Katarina Parfa und ihr Mann Ronny, die seit 2015 Parfas Kiosk in Stáloluokta, direkt am See Virihávrre, betreiben. Der hölzerne Kiosk bietet vieles, was ein Wanderherz begehrt – von Nudeln bis Haferflocken, von Keksen bis Schokolade, von Cola bis Bier. Ob der Kiosk mitten im Nationalpark zu den entlegensten der Welt gehört, sei dahingestellt, ganz bestimmt aber soll er der entlegenste in Schweden sein. Überhaupt steckt Stáloluokta voller Highlights – es liegt am oftmals als schönsten See Schwedens bezeichneten Virihávrre (Baden möglich, aber nur für Kälteunempfindliche!), von wo wiederum die angeblich schönste Strecke des Padjelanta-Wanderwegs auf zwölf Kilometern bis nach Árasluokta führt.

Parfas Kiosk, betrieben von dem samischen Paar Katarina & Ronny

Im Nationalpark gibt es in regelmäßigen Abständen Berghütten, teils von Samen betrieben und mit der Möglichkeit, frischen Fisch zu kosten, man kann aber auch wild zelten.

Info

Lage: Der Padjelanta Nationalpark liegt im Nordwesten Schwedisch Lapplands an der norwegischen Grenze, nordwestlich der Stadt Jokkmokk.

Anreise: Die Anreise – unabhängig davon, ob man einen Helikopter nehmen oder wandern möchte – erfolgt entweder über Kvikkjokk oder Ritsem; Kvikkjokk liegt 119 Kilometer von Jokkmokk entfernt und ist mit dem Auto oder in unregelmäßigen Abständen per Bus (2,5 Stunden Fahrtzeit) erreichbar; Ritsem liegt 183 Kilometer von Gällivare entfernt und ist mit dem Auto oder in unregelmäßigen Abständen per Bus (3,5 Stunden Fahrtzeit) erreichbar.

Helikopterflug:

- Fiskflyg: Das Unternehmen bietet im Sommer einen täglichen Bergtransfer ab Ritsem und Kvikkjokk an, unter anderem nach Stáloluokta, aber auch Tagestouren, Flüge zum Wandern, Angeln oder Jagen oder Panoramaflüge. Touren sind auch im Winter möglich, zum Beispiel zum Skifahren inmitten der Berge. Besonders empfehlenswert: die Tour „Digital Detox" mit zwei Übernachtungen in einer abgelegenen Hütte, die Samenfamilien vermieten. Anmerkung: Einige Helikopter der Flotte verfügen mittlerweile über umweltklassifizierte Geräuschpegel und verursachen weniger Lärm als gewöhnlich; *fiskflyg.se/start*
- Kallax Flyg: Seit 2022 bietet dieses Unternehmen einen Bergtransfer in den Padjelanta Nationalpark ab Kvikkjokk an, ebenso wie spezielle Gipfel-, Jagd- und Angeltouren; *kallaxflyg.se*

Übernachten im Nationalpark: Mehrbettzimmer in den Hütten oder in der Berghütte in Stáloluokta; *padjelanta.com/stugor*

21 Solberget Wildnisdorf

PURE ENTSPANNUNG

Umgeben von Wäldern, 20 Kilometer vom nächsten Nachbarn und von dem Dorf Nattavaara entfernt, liegt das von einer deutschen Familie geführte Solberget Wildnisdorf. Dort gibt es weder Strom noch fließendes Wasser, dafür aber eine garantierte Rückorientierung auf das Wesentliche – und die beste Chance, möglichst eine Woche lang komplett abzuschalten.

„Sich wieder auf das Wesentliche besinnen" – das ist es, was sich Dirk Hagenbuch für seine Gäste wünscht, und das schon seit 2002, als er das Wildnisdorf mitten im Wald von seinem ebenfalls deutschen Vorgänger übernahm. Wer auf gewohnten Komfort und Bequemlichkeit hofft, ist in Solberget falsch – Wasser holt man sich an einer Waldquelle oder aus dem Brunnen, Licht gibt es nur dank Petroleumlampen, und um die Räume einzuheizen, muss man Feuer in den Öfen machen. Geduscht wird mit Kelle Wasser über den Kopf in der Sauna, und fürs große Geschäft muss man auch mal Hundert Meter rund ums Rentiergehege laufen. Doch eins ist vielen der Gäste, die meist eine Woche lang bleiben, schnell klar: Eigentlich vermissen sie gar nichts.

Rentiere hautnah erleben

Zu essen gibt es in der Regel Typisches aus der Gegend – Rentier, Elch oder Fisch, aber auch vegetarische Kost. Langeweile kommt ebenfalls nicht auf, denn im Winter stehen Rentierschlittenfahrten mit den sechs hauseigenen, gut ausgebildeten Rentieren auf dem Programm, Skitouren in die verschneiten Wälder oder ein Schneeschuhausflug auf den 459 Meter hohen Hügel Solberg mit Hütte und herrlichem Aussichtsturm. Im Sommer bieten sich dagegen geführte Rentierwanderungen in die Natur an. Besucher erlernen den Umgang mit den Tieren und erfahren viel über die Rentierzucht in Nordschweden,

Rentierschlittenfahrt in die Winterwelt

Urige, fast vollkommen aus Holz bestehende Zimmer

Dirk Hagenbuch und sein Bauwagen

die samische Kultur sowie den Naturschutz in der Region. Um den Hunger zwischendurch zu stillen, wird bei gutem Wetter am Lagerfeuer gegrillt.

An Unterkünften steht Besuchern unter anderem ein Gästehaus mit urigen, ökologisch gebauten und individuellen Zimmern zur Verfügung, deren Holzbetten Dirk Hagenbuch teils selbst gezimmert hat. Noch ausgefallener sind allerdings eine Holzfällerhütte mit Mehrbettzimmer und ein romantischer Bauwagen, den sich der heutige Besitzer, als er selbst noch als Helfer auf dem Wildnisgehöft arbeitete, selbst zusammengebaut hat.

Das Wildnisdorf bietet Reisetermine zu bestimmten Daten und von jeweils einer Woche an, die sich der Website entnehmen lassen. Allerdings kann man auch einen kürzeren Aufenthalt anfragen – ob dieser möglich ist, hängt von der jeweiligen Auslastung ab. Das Solberget Wildnisdorf ist eine besonders beliebte Winterdestination, beginnend mit den Weihnachtstagen und bis in den April hinein, doch auch im Sommer sorgen die Stille und der enge Kontakt mit den Rentieren des Hofes für einmalige Lappland-Erlebnisse. Und das Beste: Alles ist äußerst nachhaltig, da komplett ökologisch gebaut, und selbst Abfälle halten sich so gering, dass der Müllwagen nur alle zwei Wochen vorbeischauen muss. Nicht einmal ein Auto ist unbedingt notwendig, um das abgeschiedene Gehöft zu erreichen – wer mit dem Zug nach Nattavaara anreist, wird dort winters wie sommers abgeholt!

Tour auf den Solberg

Info

Lage: Das Wildnisdorf liegt gut 21 Kilometer südlich von dem Dorf Nattavaara und ca. 70 Kilometer südlich von Gällivare.

Anreise: Eine Anreise zum Bahnhof Nattavaara ist mit dem Zug ab Gällivare oder ab Luleå möglich. Dort holen einen Dirk oder jemand aus seinem Team mit dem Wagen ab.

Website: *solberget.com*

Aktivitäten:

- Winterangebote: eine Woche im Wildnisdorf mit Rentierschlittenfahrten, Iglubau, Hundeschlittenfahrten, im Februar Besuch des Jokkmokk Marktes etc.
- Sommerangebote: eine Woche im Wildnisdorf und geführtes Wandern mit Rentieren, Besuch des Sommercafés in Nattavaara. Rentierwanderungen sind ab Mai (Schneeschmelze) bis Okt./Nov. möglich, mit Pause von Mitte Juni bis Ende Juli wegen zu vieler Mücken. *solberget.com/sommerurlaub-schweden/rentierwanderung-halbtagestour*

Reisetermine: *solberget.com/reisetermine.* Es werden jeweils bestimmte Wochentermine vorgeschlagen. Wer individuell nur ein paar Tage buchen möchte, sollte anfragen – je nach Verfügbarkeit ist dies auch möglich.

Kiruna und Abisko

Gipfeltour auf den Kebnekaise, Schwedens höchsten Berg

Kiruna und Abisko

22. LKAB Eisenerzgrube Kiruna: weltgrößte Untertagegrube
23. Jukkasjärvi: gemütliches, nachhaltiges Icehotel
24. Nutti Sámi Siida: Einblick in die Kultur der Samen
25. Kebnekaise: Schwedens höchster Gipfel
26. Abisko Nationalpark: Wandern und Polarlichter
27. Von Abisko nach Narvik: Tagesausflug per Bahn ans Nordmeer
28. Silverfallet: der verborgene Wasserfall
29. Trollsjön: Wanderung zum See der Trolle
30. Niehku Mountain Villa: luxuriöses Wohnen in den Bergen

Nordkjosbotn - Gárgán
Bardufoss
Skjold
Kilpisjärvi
Sjøvegan
Setermoen
NORWEGEN
Rahkka
27
30
29
28
Riksgränsen
Narvik - Áhkánjárga
Låktatjåkka
Björkliden
26
Abisko
TORNETRÄSK
Kattuvuoma
Abisko nationalpark
Alisjávri
25
Kebnekaise
Kurravaara
24
22
23
Nikkaluokta
Kiruna
Jukkasjärvi
Ritsem
Tjåurek
AKKAJAURE
Svappavaara
SCHWEDEN
NORRBOTTENS LÄN
Kaitum
Skaulo
Kebnats
Tjautjas
© Mapcreator.io | OSM.org | ©DLR | ©Airbus Defense and Space | ©Copernicus

22 LKAB Eisenerzgrube Kiruna

WELTGRÖSSTE UNTERTAGEGRUBE

Kiruna ist eine ganz besondere Stadt, denn sie lebt und fällt mit ihrem Eisenerzabbau. Die LKAB Eisenerzgrube ist nicht nur der wichtigste Arbeitgeber der Stadt, sondern bietet Besuchern auch auf drei Stunden die Chance, die größte Grube der Welt tief unter der Erde zu erleben. Und zu verstehen, warum bis 2025 fast die ganze Stadt versetzt werden muss.

Seit 2004 geht es durch die internationalen Medien – die nordschwedische Stadt Kiruna soll bis 2025 samt ihrer historischen Kirche versetzt werden. Warum? Weil die Stadt, so kann man es sich bildlich vorstellen, aufgrund des Eisenerzabbaus unter Tage langsam zu wackeln beginnt. Da aber Kiruna andererseits ohne die Erzindustrie nicht denkbar ist, müssen die Häuser und sogar die Kirche in dem gefährdeten Bereich umziehen. Immerhin ist die Stadt bereits seit ihrer Gründung im Jahr 1900 eine Bergarbeitersiedlung, und laut Hauptarbeitgeber LKAB würden die meisten Bewohner ungern ihre Arbeit vor Ort verlieren. Man kann also aktuell zuschauen, wie ein neues Viertel entsteht, wo sich nicht nur Häuser, sondern auch Hotels ansiedeln und wo bis 2025 noch viel geschehen wird.

Hier wird die Dimension der Grube veranschaulicht.

Das Mammutprojekt wird darüber hinaus bei einer dreistündigen Grubentour für Besucher erklärt. Los geht es mit dem Bus vom Besucherzentrum in Richtung Grubentunnel und über einen Kilometer tief hinein in die Welt unter Tage, in die Erzgrube mit verschiedenen Ebenen, die derzeit eine Tiefe von bis zu 1365 Meter erreicht. Auf 20.000 Quadratmetern veranschaulichen Informationstafeln, Ausstellungen und Filme, welche unterschiedlichen Tätigkeiten es gibt, wie der Alltag der dort arbeitenden Menschen aussieht und wie Eisenerz genau abgebaut und anschließend per Zug nach Norwegen gebracht wird. Von dort gelangt es dann per Schiff in die Welt, vor allem aber in europäische Länder, darunter auch nach Deutschland.

Informationen zur Gruben-Geschichte

Das Museum unter der Erde

Historische Grubenbahn

Nicht zuletzt ist Nachhaltigkeit ein wichtiges Thema der aktuellen Informationen und wie der Eisenerzabbau künftig umweltfreundlicher gestaltet werden soll. Ziel: Bis zum Jahr 2045 null Kohlendioxidemissionen durch die grubeneigenen Prozesse und Produkte zu erreichen, damit der Eisenerzabbau noch bis zum Jahr 2060 fortgesetzt werden kann.

Kleine und große Besucher haben ihre Freude an den riesigen, überwiegend ferngesteuerten Maschinen, die ausgestellt sind, ebenso wie an den fahrerlosen Zügen unter Tage. Dabei lässt sich die Grube sowohl an heißen Sommer- wie auch an eisigen Wintertagen besuchen, denn tief unter der Erde herrscht ganzjährig eine angenehme Temperatur von acht bis zwölf Grad. Und zum Schluss gibt es nicht nur eine schwedische „fika", also Kaffee oder Tee und Plätzchen, sondern auch ein kleines Mitbringsel für daheim: ein Tütchen mit Eisenerzkügelchen, die den Rohstoff somit für Besucher „greifbar" machen.

Maschinen-Ausstellung

Info

Lage: Kiruna ist die nördlichste Stadt in Schweden. Das LKAB Visitor Centre liegt mitten in der Stadt.

Adresse: LKAB Visitor Centre, Lars Janssonsgatan 17, 981 31 Kiruna

Anreise: Kiruna verfügt über einen eigenen Flughafen, ca. zehn Kilometer vom Stadtzentrum entfernt. Zwischen Flughafen und Zentrum (Busstation) fährt auch Bus 91.

Websites:

- Besucherzentrum: *kirunalapland.se/en/activities/lkabs-visitor-centre*
- Informationen über den Eisenerzabbau in Kiruna: *lkab.com/en/*

HINWEIS: Die Tour umfasst einen englischsprachigen Guide sowie den Transport zur Grube ab dem Besucherzentrum in der Innenstadt. Am besten bucht man vorab online, da die Anzahl an Besuchern pro Tour begrenzt ist.

23 Jukkasjärvi

GEMÜTLICHES, NACHHALTIGES ICEHOTEL

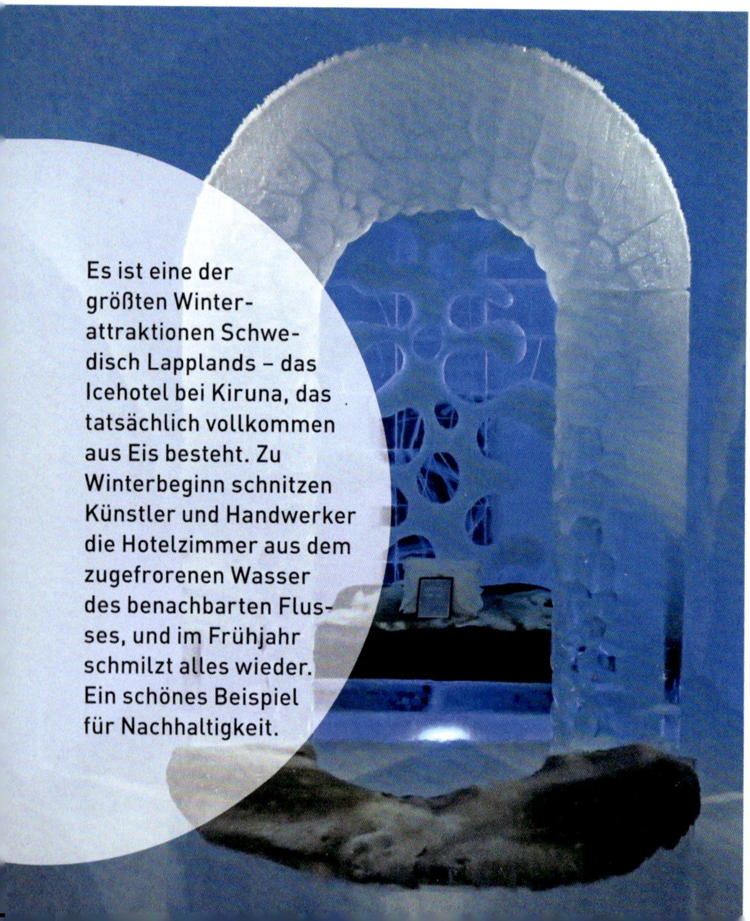

Es ist eine der größten Winterattraktionen Schwedisch Lapplands – das Icehotel bei Kiruna, das tatsächlich vollkommen aus Eis besteht. Zu Winterbeginn schnitzen Künstler und Handwerker die Hotelzimmer aus dem zugefrorenen Wasser des benachbarten Flusses, und im Frühjahr schmilzt alles wieder. Ein schönes Beispiel für Nachhaltigkeit.

Es war 1989, als der Unternehmer Yngve Bergqvist eine außergewöhnliche Idee hatte: In dem kleinen Dorf Jukkasjärvi, etwa 20 Kilometer von Kiruna entfernt, erteilte er Künstlern die Aufgabe, aus dem zugefrorenen Fluss nebenan, dem Torne älv, Eisbrocken von bis zu zwei Tonnen Gewicht herauszuschneiden und diese in penibler Handarbeit in Eisskulpturen zu verwandeln. Daraus wurden nicht etwa nur hübsche Figuren, sondern Zimmer samt Betten und schließlich ein ganzes Hotel aus Eis. Zwar steht am Fluss in Jukkasjärvi seit 2016 nun ganzjährig das Icehotel 365 mit Kunst- und Deluxe-Suiten aus Eis (dank Solaranlagen ist es darin das ganze Jahr über minus fünf Grad kühl), aber zwischen Dezember und April kommen die jährlich neuen, in künstlerischer Schaffensfreiheit geformten Unterkünfte des Winter-Eishotels hinzu.

Deluxe Suite Hang Loose, Design Edith van de Wetering & Wilfred Stijger

„Das Hotel, das jedes Jahr wiedergeboren wird", nennt sich das Projekt, das in jenen fünf Wintermonaten 15 bis 20 Standardzimmer aus Eis für Übernachtungen zur Verfügung stellt sowie zwölf besonders künstlerisch ausgefallene Suiten, in denen es zwischen minus fünf und minus acht Grad kalt ist. Diese warten alle Jahre wieder mit andersartigen Themen und Motiven auf und lassen Besucher staunen, wie aus Eis lebensnahe Objekte

Art Suite Wanderlust, Design Kristina Möckel & Sebastian Scheller

In der Kapelle des Hotels wird auch geheiratet.

und Formen entstehen. Da ging man zum Beispiel 2022 „mit den Hühnern ins Bett" – im Eis-Zimmer mit Hühnermotiv waren es tatsächlich lebensgroße Hühnerfiguren aus Eis sowie Hühnerköpfe, die beim Schlafen auf dem Bett aus Eis mit dicken Rentierfellen und Schlafsäcken zuschauten, zusätzlich untermalt von leisem Gackern. Oder man wurde in einer Suite von einem Eis-Drachen mit blauen Augen begrüßt, von einem Eis-Roboter oder fand sich in einer Eis-Sauna wieder. In der alles, von der Badewanne bis zum Handtuch und dem Bademantel, natürlich aus Eis bestand. Damit das Ganze auch richtig zur Geltung kommt, wird es zusätzlich von Lichtkünstlern ganz individuell belichtet.

Dabei müssen sich die lokalen und internationalen Künstler jedes Jahr gegen eine Vielzahl an Mitbewerbern behaupten, um ein Eis-Zimmer oder eine Eis-Suite gestalten zu dürfen. Wichtig: Die Idee muss immer neu und besonders originell sein und darf keinem Eis-Zimmer eines Vorjahres ähneln.

Kühle Drinks gibt es in der Ice Bar.

Und es sind nicht nur die Zimmer, die zum Staunen bringen: Für Hochzeiten gibt es sogar eine kleine Hochzeitskapelle mit Platz für 35 bis 40 Personen, in der alles, von den Bänken bis zu den Luftballons, aus Eis besteht. Möchte man sich stattdessen nur einen Drink gönnen, dann nimmt man auf einem Eishocker samt Rentierfell Platz und bestellt etwas an der Ice Bar. Das Hotel macht schön vor, wie kreativ sich etwas aus der Natur zaubern lässt, aber auch, wie vergänglich es ist und wie es am Ende zur Natur zurückkehrt, ohne eine Spur zu hinterlassen. Und alle, denen das Schlafen bei Minusgraden doch zu frisch oder zu teuer ist, können ein Tagesticket kaufen und sich das Kunstwerk in wenigen Stunden anschauen.

Info

Lage: Jukkasjärvi liegt etwa 18 Kilometer östlich von Kiruna.

Adresse: Marknadsvägen 63, 984 91 Jukkasjärvi

Anreise: Kiruna verfügt über einen eigenen Flughafen, der sich ca. 14 Kilometer vom Icehotel entfernt befindet. Man kann von dort einen Transfer zum Hotel buchen, mit dem Auto anreisen oder ein Taxi nehmen.

Website: *icehotel.com*

Aktivitäten: Für Besichtigung von Icehotel, Art Exhibition & Ice Bar sind die Tagestickets nur vor Ort erhältlich, nicht online

HINWEISE:

- Empfohlen wird eine Nacht in einem Eiszimmer und eine Nacht in einem warmen Zimmer bzw. umgekehrt. Die Übernachtungen sind nicht billig: Für die ausgefallenen Eis-Zimmer sind pro Nacht zwischen 5000 und knapp 15.000 SEK zu bezahlen.
- Das Icehotel bietet auch eine Sauna und ein Restaurant und man kann verschiedene Aktivitäten buchen, darunter einen Eisskulpturen-Kurs, eine Nordlicht-Safari, eine Hundeschlittenfahrt und vieles mehr.

24 Nutti Sámi Siida

EINBLICK IN DIE KULTUR DER SAMEN

Die samische Kultur mit allen Sinnen erleben – darum geht es bei Nutti Sámi Siida in Jukkasjärvi. Das Freilichtmuseum erzählt vom Leben der Samen heute und früher, im Anschluss besucht man Rentiere, verkostet im Café samische Spezialitäten, nimmt an verschiedenen Aktivitäten teil und kann sogar vor Ort übernachten.

Rentiere füttern ausdrücklich erwünscht!

Ganz Jukkasjärvi ist ein alter Marktplatz – der Ort war früher ein Sammelpunkt für Reisende, für Samen und andere Nomaden, die im Sommer mit Booten über den Fluss Torne älv kamen, im Winter über das Eis. Das lernt man als Erstes bei Nutti Sámi Siida, selbst eine Art Sammelplatz für samische Kultur und Wissen über die Verbundenheit der Samen mit der Natur, unter anderem über die acht Jahreszeiten. Es war der samische Rentierzüchter Nils Torbjörn Nutti, der 1996 in den Tourismus einstieg – als zusätzliche Einnahmequelle, um in den harten Wintern Futter für seine Tiere kaufen zu können. Man begann unter anderem, Rentiere zu zähmen und für Schlittenfahrten zu trainieren, wobei auch Besucher in gewisser Weise zum Training beitragen – indem sie die Tiere füttern und ihnen zeigen, dass Menschen vertrauenswürdig sind.

Viele der Angestellten sind junge Samen, die dadurch mehr über ihre eigene Kultur erlernen, aber auch andere Menschen, die sich

Informationen über samische Essensgewohnheiten

für die Welt der Samen interessieren. Vor Ort befindet sich ein attraktives Freilichtmuseum, wo man selbst herumschlendern, aber auch eine Führung buchen kann. Um unter anderem typisch samische Zelte, Lavvus, zu bewundern, frühere Lagergestelle aus Holz, Ziegenhütten und viele weitere Bauten, oder um über die Spiritualität und Essgewohnheiten der Samen in früheren Jahrhunderten zu erfahren. In einer gemütlichen Hütte läuft zudem ein Film, der weiteres Wissen über die Urbevölkerung des Nordens vermittelt.

Samische Fika im Café

Interessantes Freilichtmuseum

Darüber hinaus lassen sich über Nutti Sámi Siida zahlreiche Aktivitäten je nach Saison organisieren – von Angel- und Wandertouren im Sommer bis zu Rentierschlittenfahrten im Winter und einem Besuch bei Rentieren und ihren neugeborenen Kälbern gegen Ende des Frühlings. Nach so viel Action kann man sich im gemütlichen Café, in dem ein warmes Feuer lodert, bei typisch samischen Speisen stärken. Wer vor Ort wohnen möchte, tut dies ganz naturnah, beispielsweise in einem Holz-Cottage oder in Form von Glamping in einem Lavvu. Doch es gibt Nachbarn, die schon mal neugierig vorbeischauen können – Rentiere!

Info

Lage: Jukkasjärvi liegt etwa 18 Kilometer östlich von Kiruna.

Adresse: Marknadsvägen 2, 981 91 Jukkasjärvi

Anreise: Kiruna verfügt über einen eigenen Flughafen. Man kann von dort einen Transfer zum Hotel buchen, mit dem Auto anreisen oder ein Taxi nehmen.

Website: *nutti.se*

Aktivitäten: Angeltouren, Wandertouren, Rentierschlittenfahrten und mehr je nach Saison

- Café & Tour im Museum: *nutti.se/museum-cafe*

Unterkunft: Cottage oder Glamping

25 Kebnekaise

SCHWEDENS HÖCHSTER GIPFEL

Der Kebnekaise ist mit 2098 Metern Schwedens höchster Berg. Wer ihn besteigen möchte, sollte ausreichend Bergerfahrung und Ausdauer mitbringen – und mindestens drei Tage einplanen. Denn schon der Weg zum Ausgangspunkt der Wanderung, der Kebnekaise Fjällstation, erfordert einen fast 20 Kilometer langen Marsch oder aber einen Helikopterflug.

Wer einmal auf dem höchsten Dach nicht nur Schwedisch Lapplands, sondern von ganz Schweden stehen möchte, hat es nicht leicht – zumindest dann nicht, wenn er auf Boote und Helikopter verzichten will. Die Wandertour beginnt in der Ortschaft Nikkaluokta, von wo ein relativ einfacher, aber 19 Kilometer langer Wanderweg bis zur Kebnekaise Fjällstation auf 772 Meter Höhe führt. Wer mag, kann unterwegs etwa sechs Kilometer mit einem im Sommer regelmäßig verkehrenden Boot über den See Ladtjojaure abkürzen, oder aber ab Nikkaluokta gleich mit dem Helikopter zur Bergstation fliegen.

Kebnekaise Fjällstation

Der eigentliche Aufstieg zum Kebnekaise erfordert nämlich viel Energie, die einige Wanderer gerne am Vortag sparen: Die gesamte Tour dauert je nach Fitness und Erfahrung um die zehn bis zwölf Stunden und umfasst insgesamt 1800 Höhenmeter Auf- und Abstieg, die es an einem Tag zu bewältigen gilt. Am leichtesten ist dabei die Tour über den sogenannten Västra leden, den westlichen Pfad, die auf neun Kilometern bis zum Südgipfel führt. Es geht über den Pass zwischen Tuolpagorni und Vierramvare und über eine Steintreppe, die zwischen 2017 und 2019

Sherpas aus Nepal bauten. Das Gemeine: Zwischendurch gilt es, steile 200 Meter abzusteigen ins Kaffedalen, um danach weitere 500 Höhenmeter erobern zu müssen. Dies ist der einzige Weg, den man auch ohne Bergführer bewältigen kann.

Immer wieder tolle Ausblicke beim schweren Aufstieg

In jedem Fall bewegt man sich die meiste Zeit in hochalpinem Terrain, und obwohl der Weg markiert ist, kann das Bergwetter blitzschnell umschlagen, sodass man vorsichtshalber auch Kompass und GPS-Gerät dabeihaben sollte. Viele Websites geben genauere Auskunft über die Wanderung, darunter auch die Seite von STF (Svenska Turistforeningen), die die Fjällstuga betreibt.

Der sogenannte Östra leden, östliche Weg, zum Nordgipfel ist zwar mit 14 Kilometern hin und zurück etwas kürzer, quert dafür aber einen Gletscher und ist deswegen nur mit Guide zu empfehlen, falls man nicht über umfangreiche Gletschererfahrung und die entsprechende Ausrüstung verfügt. Die Tour ist auf Wunsch an der Fjällstation buchbar.

Auf dem Gipfel

Die meisten Wanderer besuchen den Kebnekaise im Sommer, aber auch im Winter ist der Aufstieg prinzipiell möglich – wobei man die Skier mitnimmt! STF bietet auf seiner Website verschiedene Touren an. Wer nicht wandern möchte oder kann, hat trotzdem eine Möglichkeit, den Gipfel zu erleben, und zwar im Rahmen eines Helikopter-Rundflugs.

Info

Lage: Der Kebnekaise liegt in der Region Kiruna.

Anreise: Nikkaluokta, von wo man in die Berge wandert (oder fliegt) liegt ca. eine Stunde vom Flughafen Kiruna entfernt (70 Kilometer) oder ist mit Bus 911 von dort erreichbar (Fahrtdauer ebenfalls ca. eine Stunde).

Website: *svenskaturistforeningen.se/boende/stf-kebnekaise-fjallstation/* (STF Kebnekaise Fjällstuga)

HINWEISE:

- Die Fjällstuga ist meist von Anfang März bis Ende April und Mitte Juni bis Mitte Septmber geöffnet.
- Übernachtung in der Fjällstuga: Die Fjällstuga bietet eine Mischung aus Berghotel und Jugendherberge mit Mehrbett-, Doppel- und Einzelzimmern, Gemeinschaftsduschen und -WCs. In der Nähe des Gebäudes kann man zelten und gegen Gebühr die sanitären Einrichtungen des Hauses nutzen.
- Die Fjällstuga verfügt über ein Restaurant, ein Geschäft, wo man auch Essen und Getränke kaufen kann, sowie eine Sauna.
- Touren und Ausrüstung: Man kann in der Fjällstuga geführte Touren auf den Kebnekaise buchen und Ausrüstung wie Skier ausleihen.
- Für Wanderer, die in Schweden unterwegs sind und planen, mehrmals in Berghütten der STF zu übernachten, lohnt sich die STF-Mitgliedschaft für ein Jahr, *svenskaturistforeningen.se/medlem*. Man spart bei Buchungen viel Geld.

26 Abisko Nationalpark

WANDERN UND POLARLICHTER

Wer Abisko im Winter besucht, kommt an den angeblich besten Ort der Welt, um Nordlichter zu bestaunen – insbesondere von der Aurora Sky Station aus. Aber auch darüber hinaus bietet der umgebende Nationalpark zu jeder Jahreszeit hervorragende Wandermöglichkeiten und einen Blick auf „Lapporten“, eines der meistfotografierten Bergmotive Lapplands.

Der Himmel über Abisko ist immer blau – oder zumindest sehr oft, sagen die Einheimischen, was seiner umgebenden Natur zu verdanken ist. An den Bergen scheiden sich insbesondere von Norwegen hereinziehende Wolken und lassen über dem Ort mit gerade mal 200 Einwohnern und einer Handvoll Unterkünften gerne ein sogenanntes „blaues Loch" frei. Umso besser für Winterbesucher, denn nicht zuletzt aufgrund dieses Umstandes bietet Abisko eine der besten Chancen – angeblich weltweit, ganz bestimmt aber in Nordschweden – auch wirklich Nordlichter zu sehen. Selbstverständlich, wenn die Sonnenwinde und alle anderen Voraussetzungen ebenfalls stimmen. Wie toll der Ort für Nordlichtspektakel ist, das wussten die Einheimischen lange selbst nicht – bis sie laut eigener Aussage ein Japaner im Jahr 2002 darauf stieß, demzufolge die Japaner schon Jahre zuvor verstanden hatten, dass das Dorf unweit der norwegischen Grenze der „Aurora-place-to-be" ist.

Am zugefrorenen Torneträsk

Die Dinge kamen ins Rollen und 2007 eröffnete die mittlerweile mehrfach preisgekrönte Aurora Sky Station auf dem 900 Meter hohen Berg Nuolja, die per Seilbahn – oder zu Fuß – erreichbar ist. Die große Terrasse und der Beobachtungsturm liegen weitab aller Lichtverschmutzung, und eine Nordlicht-Präsentation im Inneren rundet die einmalige Nordlicht-Erfahrung ab. Wer sich etwas ganz Besonderes gönnen möchte, bucht das Northern Lights Dinner mit Spezialitäten aus der Region hinzu.

Ab der unterhalb des Berges Nuolja direkt an der Straße E10 gelegenen Abisko Tourist Station erstreckt sich der 7700 Hektar große, 1909 gegründete Abisko Nationalpark. Er grenzt an den sechstgrößten See Schwedens, den Torneträsk, von dessen Ufern der Blick teils bis nach Lapporten reicht, ein tiefes Tal, das von zwei Bergwänden eingerahmt wird und ein einzigartiges Fotomotiv darstellt, oft gar als Wahrzeichen Abiskos oder von ganz Schwedisch Lappland gilt. Gerade im Winter ist die Chance groß, im Park Elche zu sehen, die dann im Energiesparmodus und daher weniger scheu sind. Mit vielen anderen Nationalparkbewohnern, darunter Bären, Bärenmadern oder Luchsen, ist es allerdings schwieriger. Dafür schwebt vielleicht mal ein goldener Adler über den Pfaden, ein Gerfalke oder ein Raufußbussard.

Lapporten unter der Mitternachtssonne

Im Winter macht man sich mit Schneeschuhen auf in die eingeschneite Hügelwelt mit Bergkulisse und Aussicht auf Lapporten, während im Frühjahr die Birken und bunte Blumen wie die Lappland-Alpenrose an den Hängen des Nuolja erblühen. In der warmen Jahreszeit ist Abisko dagegen ein Top-Ziel für Fernwanderer, die Schwedens längsten Fernwanderweg, den Kungsleden, erobern möchten, der in Abisko beginnt. Für einen ersten Eindruck bietet sich die erste Etappe des Kungsleden an, die tief hinein in den Abisko Nationalpark führt, bis zur Berghütte von Abiskojaure (ca. 15 Kilometer).

An Forschung Interessierte finden außerdem die Abisko Scientific Station unweit des Nationalparks, wo Wissenschaftler aus der ganzen Welt zu Themen wie Klimawandel forschen.

Info

Lage: Der Abisko Nationalpark liegt im Norden, ca. 38 Kilometer von der norwegischen Grenze entfernt, gut 90 KIlometer nördlich von Kiruna.

Anreise: Der Bahnhof von Abisko (oder der separate Bahnhof der Turiststation) lässt sich in gut einer Stunde per Zug von Kiruna erreichen.

Websites:

- Abisko Nationalpark: *nationalparksofsweden.se/choose-park---list/abisko-national-park*
- Abisko Turiststation: *swedishtouristassociation.com/facilities/stf-abisko-mountain-station*. Die Turiststation bietet alle Informationen rund um den Nationalpark mit Wanderkarten und Souvenirs sowie ein Restaurant und Café
- Aurora Sky Station: *auroraskystation.se/en/welcome-to-aurora-sky-station*

HINWEISE:

- Im Sommer fährt ein Sessellift hoch zur Sky Station oder man kann hochwandern.
- Im Winter (Mitte November bis Ende März) besteht die Möglichkeit eines geführten Abendbesuchs zur Nordlichtbeobachtung. Abendbesuch am besten vorab online buchen, da die Anzahl an Plätzen begrenzt ist!
- Dasselbe gilt für die Buchung des Northern Lights Dinner (ebenfalls Mitte November bis Ende März, *auroraskystation.se/en/winter/northern-light-dinner*)
- Zur Skisaison von Ende Februar bis etwa Mitte April fährt der Sessellift auch tagsüber in regelmäßigen Abständen zur Aurora Sky Station.
- Für alle, die im Abisko Nationalpark wandern möchten oder in anderen Regionen Norrbottens, ist die kostenlose App „Norrbottens Naturkarta" sehr zu empfehlen, die es für iPhone und Android gibt. Diese funktioniert auch offline und bei fehlendem Mobilfunk!

27 Von Abisko nach Narvik

TAGESAUSFLUG PER BAHN ANS NORDMEER

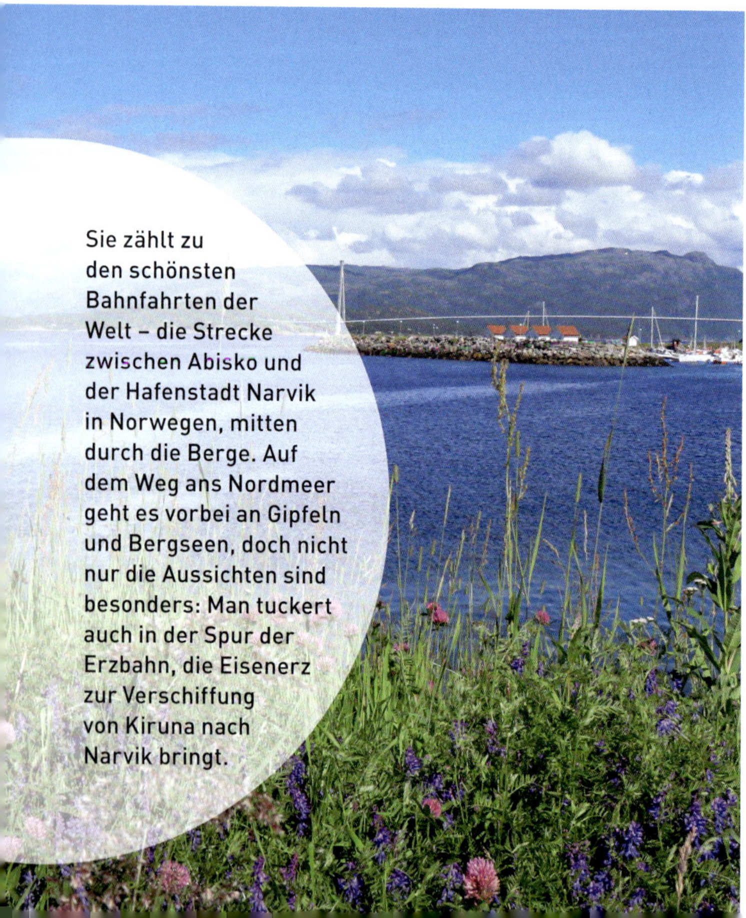

Sie zählt zu den schönsten Bahnfahrten der Welt – die Strecke zwischen Abisko und der Hafenstadt Narvik in Norwegen, mitten durch die Berge. Auf dem Weg ans Nordmeer geht es vorbei an Gipfeln und Bergseen, doch nicht nur die Aussichten sind besonders: Man tuckert auch in der Spur der Erzbahn, die Eisenerz zur Verschiffung von Kiruna nach Narvik bringt.

Traumhafte Bergblicke während der Bahnfahrt

Über die E10 mit dem Auto von Abisko nach Narvik zu fahren ist bei Weitem nicht dasselbe wie ein Ausflug mit der Bahn: Nicht nur, dass es gilt, sich entspannt zurückzulehnen und die vorbeiziehende Landschaft zu genießen, denn die Bahnstrecke durch die Berge offenbart Aussichten, die man sich sonst oft durch anstrengende Wanderungen mit vielen Höhenmetern erarbeiten muss. Vielmehr ist man auch in der Spur der historischen Eisenerzbahn unterwegs, auf der seit über hundert Jahren Eisenerz per Zug von der Grube in Kiruna ins norwegische Narvik transportiert wird. Der Blick reicht zunächst über den See Torneträsk und die seenreiche Gegend in Richtung norwegischer Grenze, bis bei der winzigen Ortschaft Riksgränsen das Ende Schwedens erreicht ist.

Historische Lokomotive im Bahnhof von Narvik

Kaum liegt die Grenze nach Norwegen zurück, entfaltet die Berglandschaft ihre geballte Schönheit. Zwischen den Dörfern, in denen der Zug einen kurzen Stopp einlegt, zeigen sich in der Tiefe Bergseen. Nach jedem Tunnel erwarten den Reisenden neue Perspektiven, bis die Hålogalandsbron, eine Hängebrücke, kurz vor Narvik ins Blickfeld rückt. Mit der zweitlängsten Brückenspannweite in ganz Norwegen verbindet sie auf über 1,5 Kilometern die beiden Uferseiten des Rombaken-Fjords.

Auch wenn man die Reise nur als Tagesausflug unternimmt und nicht ganz so viel Aufenthaltszeit in Narvik hat, lohnt sich die Tour schon wegen der Bahnfahrt. In Narvik selbst empfiehlt sich ein gemütlicher Spaziergang hinunter zum Nordmeer mit kleinem Hafen für Freizeitboote – oder zum großen Hafen, wo das Eisenerz aus der Grube in Kiruna in die Welt verschifft wird. Geschichtlich Interessierte bekommen im Kriegsmuseum Auskunft darüber, wie wichtig Narvik im Zweiten Weltkrieg für die Nationalsozialisten war – die versuchten nämlich, den strategisch überaus bedeutenden Hafen mitsamt der Erzbahn zu erobern.

Fjord-Blick aus dem Zugfenster

Wer einen Überblick aus der Höhe bekommen möchte, nimmt stattdessen die Seilbahn auf den Hausberg Narvikfjellet mit Restaurant. Die Aussicht reicht über Fjorde, verschneite Berggipfel, den historischen Erz-Hafen und die Innenstadt.

Im Narviks Hafen für Freizeitboote

Info

Lage: Narvik liegt ca. 80 Kilometer von Abisko entfernt, in Norwegen und am Nordmeer.

Anreise: Man kann Narvik ab Abisko in gut einer Stunde mit dem Auto erreichen, sehr viel empfehlenswerter ist aber eine Reise mit der Bahn, da die Strecke zwischen Abisko und Narvik durch die Berge zu den schönsten der Welt zählt. Dauer: ca. 1,5 Stunden.

Website: *vy.se/en*

Aktivitäten: Fahrt mit der Seilbahn auf den Hausberg Narvikfjellet

HINWEIS: Die Bahnstrecke nach Narvik ist die der berühmten Erzbahn, die Eisenerz von der Grube in Kiruna nach Narvik bringt, wo es verschifft wird.

28 Silverfallet

DER VERBORGENE WASSERFALL

Wenn man nicht wüsste, wo sich der Silverfallet bei Björkliden in etwa befindet, würde man glatt daran vorbeifahren. Von der Straße aus ist er nicht zu sehen, obwohl er sich direkt unterhalb der E10 von den Felsen stürzt. Am schnellsten ist der Silverfallet erreicht, wenn man das Auto am Parkplatz namens Rákkasjohka parkt – sollte dieser voll sein, kann man in die Ortschaft Björkliden weiterfahren und von dort zum Wasserfall spazieren.

Er liegt gut verborgen direkt unterhalb der Straße E10 – ein unerwartet malerischer Wasserfall, der bis in den See Torneträsk stürzt. Ein kurzer Spaziergang führt einen steilen Hang hinab bis an einen kleinen Steinstrand, ideal für ein Picknick mit unverbautem See- und Bergblick.

Vom Parkplatz schlägt man sich regelrecht ins Gebüsch, wo ein winziges Holzschild in Richtung „Silverfallet“ weist. Nach wenigen Metern stößt man auf den ersten Wasserfall, der direkt unterhalb der Straßenbrücke aus der Höhe auf die Felsen klatscht und die Motorengeräusche verschluckt. Man folgt dem Wasser weiter durch einen Bergbirkenwald, hat immer wieder einen schönen Blick auf verschiedene Wasserpools, die sich zwischen den Felsen gebildet haben. Bald ist eine Brücke voller Liebesschlösser erreicht, wo sich der beeindruckendste Blick auf den Wasserfall eröffnet: Etwa 200 Meter tief stürzt sich der schlanke Silverfallet von den Klippen, um dann in den Torneträsk zu fließen. Das Wasser zweiteilt ein Stückchen weiter unten einen kleinen Steinstrand mit Traumblick über den See und die Berge auf der gegenüberliegenden Seeseite – ein perfekter Ort für ein Picknick.

Mehrere kleine Wasserfälle vereinen sich zum Silverfallet.

Da auch das Feuermachen erlaubt ist – falls es wegen großer Trockenheit und Gras- sowie Waldbrandgefahr im Sommer kein Feuerverbot gibt – kann man am Strand im Prinzip auch ein Feuer machen und grillen. Und spätestens dort leuchtet wahrscheinlich jedem Besucher ein, dass der samische Ausdruck „Rákkasjohka" übersetzt „Liebesstrom" bedeutet.

Info

Lage: Der Silverfallet liegt knapp neun Kilometer nördlich von Abisko, kurz vor der Ortschaft Björkliden.

Anreise: Mit dem Auto ab Abisko (ca. sieben Minuten) oder mit der Bahn bis Björkliden (ca. 15 Minuten). Von dort kann man 1,5 Kilometer zu Fuß bis zum Wasserfall laufen: Der Weg verläuft rechts am Hotel vorbei in den Wald und weiter in Richtung Torneträsk. Parkt man am Parkplatz vor dem Schild „Rákkasjohka", sind es nur wenige hundert Meter bis zum Wasserfall und Strand.

HINWEIS: Man kann zu beiden Seiten des Strandes, den der Wasserlauf zweiteilt, hinabsteigen – von der linken Seite aus hat man den besten Blick auf die Brücke und den Wasserfall.

29 Trollsjön

WANDERUNG ZUM SEE DER TROLLE

Er gilt als Schwedens klarster See – der Trollsjön, übersetzt „See der Trolle“, nördlich von Abisko. Ein leicht begehbarer Wanderweg führt vom Parkplatz an der E10 auf ca. 7,5 Kilometern durch ein faszinierendes Steintal hinein in die Berge. Dieser schöne Tagesausflug eignet sich auch für Familien mit Kindern – aber wer baden möchte, sollte sehr kälteresistent sein!

Der Trollsjön, „See der Trolle“

In nordsamischer Sprache heißt der Trollsjön „Rissájávri“, was so viel bedeutet wie „See, der glänzt wie Feuer“. Kommt man bei Sonnenschein am See an, trifft diese Beschreibung ganz genau zu. Dass er Schwedens klarster See sein soll, bei dem man bis auf den Boden in 36 Meter Tiefe schauen kann, stellt bei dem vollkommen transparenten, blau-türkisfarbenen Wasser ebenfalls kaum jemand in Frage. Die kälteresistentesten Wanderer wagen sogar einen Sprung in das kühle Nass – das selbst im Hochsommer nicht wärmer als fünf Grad ist! Der See ist nämlich nur ein paar Monate lang eisfrei und wird gespeist vom Schmelzwasser der Gletscher.

Der Trollsjön liegt gefühlt tief in den Bergen und ist trotzdem leicht zu erreichen: Anfang 2022 wurde ein neuer Parkplatz für Wanderer namens Låktatjåkka fertiggestellt, direkt an der E10 zwischen Abisko und der norwegischen Grenze. Von dort sind es

Gut ausgeschilderter Wanderweg

etwa 7,5 Kilometer bis zum See. Die Wanderung beginnt in einem Birkenwald und führt leicht ansteigend zu einer Aussicht über das Tal mit seinen Seen und der Eisenbahnlinie. Während in der Tiefe die Erzbahn von Kiruna nach Narvik vorbeituckert, wandert man hinein in die Bergwelt. Überall stürzen sich kleine Bäche von den Bergen, sodass es sich erübrigt, allzu viel Wasser mitzuschleppen – ein Auffüllen der Flasche ist an allen rinnenden Gewässern bedenkenlos möglich.

Ein Highlight der Wanderung ist nicht etwa erst der Trollsjön selbst – bereits das zu durchkreuzende Tal namens Kärkevagge, bekannt als „Tal der Steine", ist ein Erlebnis. Es sieht aus, als

Kärkevagge – Tal der Steine

hätten sich dort Riesen im Weitwurf geübt, und zwar mit Steinbrocken und Felsen, die sie im Anschluss einfach liegengelassen haben. In Wirklichkeit sind diese Brocken Überbleibsel aus der Eiszeit, als das Inlandseis ein letztes Mal vordrang. Dazwischen breiten sich grüne Wiesen aus, gepunktet von bunten Bergblumen, und mitten im Tal ein ausschweifendes Deltagebiet.

Es lohnt sich, sich Zeit zu lassen, um die teils bizarren Felsformationen zu bestaunen oder Vögel zu beobachten, die in den Felsen nisten. Nicht vergessen: Picknick mitbringen, sei es zum Lunch oder Abendessen für alle, die unter der Mitternachtssonne wandern möchten!

Info

Lage: Der Parkplatz Låktatjåkka (kostenlos) liegt gut 28 Kilometer nördlich von Abisko, direkt an der E10.

Anreise: Mit dem Auto von Abisko (ca. 20 Minutern) oder per Bahn ab Abisko Turiststation bis Låktatjåkka Bahnhof (Bahn Richtung Narvik, hielt zum Zeitpunkt der Recherche allerdings nur einmal täglich in Låktatjåkka, ca. 30 Minuten)

Wanderung: ca. 7,5 Kilometer ab Parkplatz, ca. 350 Höhenmeter. Der Weg ist zunächst gut ausgeschildert und erklärt sich später von selbst – man folgt dem gut sichtbaren Weg durch das Tal der Steine, der am See endet. In den Sommermonaten ist die Wanderung auch bei Einheimischen sehr beliebt, gerade zur Mittagszeit kann es am See etwas „voller" werden, wobei sich die Wanderer aber gut über die Klippen am See verteilen. Die Wanderung ist einfach, gutes Schuhwerk empfiehlt sich aber.

HINWEIS: Nicht zu viel Wasser mitschleppen, man kann die Flasche vielerorts mit rinnendem Bergwasser auffüllen. Dafür aber Badekleidung und Handtuch einpacken!

30 Niehku Mountain Villa

LUXURIÖSES WOHNEN IN DEN BERGEN

Wer in den Bergen übernachtet, erwartet meist keinen großen Komfort, erst recht keinen Luxus. Doch die Niehku Mountain Villa an der schwedisch-norwegischen Grenze ist eine der wenigen Nobeladressen Schwedisch Lapplands, mit eleganten Zimmern, exklusivem Restaurant und Aktivitäten, die sogar Heliskiing umfassen.

„Niehku" ist ein nordsamisches Wort und bedeutet „Traum" – und dass die Niehku Mountain Villa in dem Ort Riksgränsen ein Traum ist, das denken sicher viele. Unabhängig davon, ob sie in der Luxusunterkunft übernachten, auf eine Mahlzeit bzw. einen Kaffee im Restaurant vorbeischauen oder nur die herrliche Bergaussicht von dem letzten Hotel auf schwedischer Seite genießen möchten.

Schon die Lage des architektonisch aufwendigen Gebäudes am 68. nördlichen Breitengrad und mehr als 200 Kilometer nördlich des Polarkreises ist exklusiv: Die Niehku Mountain Villa befindet sich an der historischen Eisenbahnstrecke, der „Eisenerzlinie", wo seit über hundert Jahren Eisenerz per Zug von der Grube in Kiruna nach Narvik in Norwegen transportiert wird (siehe Tipp 27). Das Hotel wurde an der Stelle des ehemaligen Rundhauses bzw. Bahnbetriebswerkes gebaut (zwischen 1902 und 1923 in Betrieb), von dem noch immer eine halbrunde Wand besteht und Teile des Neubaus durchzieht.

Weinkeller mit Glasdach

Beim Bau und Design des Gebäudes außen und innen galt es, sich sowohl von der Geschichte als auch der Natur und der samischen Kultur inspirieren zu lassen. 2019 gewann das Hotel den UNESCO Prix Versailles für das beste Hotelinnere aufgrund der Verbindung von Kreation, Kunst, Kultur und Wirtschaft. Ein besonderer Hingucker ist neben dem Gebäude und der umgebenden Bergwelt der Weinkeller mit Glasdach, der in einer mehr als hundert Jahre alten Schmiergrube entstand. Das Besondere: Das Glasdach ist ein Teil der Restaurant-Etage und legt einen überraschenden Blick in den Weinkeller frei.

Abfahrtsski in den umgebenden Bergen

Im Winter (Saison von Anfang März bis Ende Mai) ist die Niehku Mountain Villa eine Top-Adresse für Skifahrer, die für ein exklusives Ski-Erlebnis auch bereit sind, mehr auszugeben: Die Region lockt mit 5000 Quadratmetern Skigebieten und 60 Berggipfeln, von denen jedoch die meisten nicht per Skilift erreichbar sind. Daher befinden sich im Programm der Villa individuelle Skitouren oder Heliskiing, wobei einen der Hubschrauber hoch auf dem Gipfel absetzt und man ins Tal hinabfährt. Im Sommer (ab Ende Juni) drängt sich die Bergwelt dagegen zum Wandern unter der Mitternachtssonne auf – auf schwedischer Seite oder hinüber nach Norwegen, wo die Fjorde beginnen. Auch dabei kommt auf Wunsch der Hubschrauber zum Einsatz, um ferne, wenig begangene Bergregionen und Täler zu erreichen.

Heliskiing – mit dem Helikopter auf entlegene Berggipfel

Wintermärchen an der schwedisch-norwegischen Grenze

Info

Lage: Die Niehku Mountain Villa liegt an der norwegisch-schwedischen Grenze unweit der E10, etwa zehn Kiometer westlich von Låktatjåkka.

Adresse: Lokvändarvägen 20, 981 94 Riksgränsen

Anreise: Der nächste Flughafen befindet sich in Kiruna, von dort sind es etwa 1,5 Stunden mit dem Auto bis zur Niehku Mountain Villa. Alternativ nimmt man die Bahn von Kiruna in Richtung Narvik bis zum Bahnhof Riksgränsen und lässt sich dort abholen. Auch ein Transfer per Hubschrauber ist auf Wunsch möglich.

Website: *niehku.com*

HINWEIS: Touren sind direkt bei der Reservierung oder später im Hotel buchbar.

Luleå und Piteå

Kirchstadt von Piteå

Luleå und Piteå

31. Gammelstad Kyrkstad: das alte Luleå
32. Jopikgården: die Insel-Huskyfarm
33. Treehotel in Harads: übernachten in Baumwipfeln
34. Sörbyn Lodge: Seeromantik mit Geschichte
35. Piteå: mehr als nur lange Sandstrände
36. Norrfjärden: Hundeschlittenfahrt auf der Svedjekojan Huskyfarm
37. Rosfors: die Welt der Samen und der Rentierzucht heute
38. Storforsen: die größten Stromschnellen Skandinaviens
39. Nordanå: Kultur und Geschichte in Skellefteå
40. Svedjan Ost: einer der leckersten Käse Norrbottens

Överkalix
Lakaträsk
Svartby
33
34
Söriavan
Bodträskfors
Harads
Gunnarsbyn
Morjärv
Storånäs
Niemisel
Övre Svartlå
Hapträsk
Vitå
SCHWEDEN
Norra Bredåker
Inbyn
38
Råneå
Vidsel
Boden
Storforsen
E 10
Brännberg
31
Södra Sunderbyn
Gammelstads Kyrkstad
Älvsbyn
Klöverträsk
32
Storsund
Hindersön
Tvärån
37
Luleå
ngsel
Sjulsmark
NORRBOTTENS LÄN
36
Norrfjärden
Långträsk
35
Roknäs
Piteå
ÅBYÄLVEN
SKEÄLVEN
Jävre
Fällfors
Båtfors
Åbyn
Norrlångträsk
E 4
VÄSTERBOTTENS LÄN
40
Ostvik
Kåge
39
Holmfors
Skellefteå
Skellefteham
Skråmträsk
© Mapcreator.io | OSM.org | ©DLR | ©Airbus Defense and Space | ©Copernicus

31 Gammelstad Kyrkstad

DAS ALTE LULEÅ

Die alte „Kirchenstadt" von Luleå ist nicht nur der Ort, wo die heute dynamische Küstenstadt einst entstand: Die gut 400 urgemütlichen roten Häuschen und die mittelalterliche Steinkirche gehören sogar zum UNESCO-Weltkulturerbe. Und hat man sich an der Dorfschönheit sattgesehen, steht zusätzlich ein Freilichtmuseum zum Besuch offen.

„Gammelstad" bedeutet alte Stadt, „Kyrkstad" Kirchenstadt oder eher Kirchendorf. Wo heute Besucher durch die gemütlichen Gassen des Dorfes knapp zehn Kilometer nordwestlich von Luleå schlendern, liegen die Wurzeln des modernen Luleå. Es war im 12. Jahrhundert, dass Gammelstad als Herz des Kirchspiels seinen Anfang nahm – eine Aufteilung in Gemeinden durch die Kirche, die jedoch auch kirchenunabhängige Verwaltungsaufgaben übernahmen. Die sich noch heute stolz aus den Häuserreihen erhebende Kirche, Nederluleå kyrka, wurde jedoch erst ab dem 14. Jahrhundert errichtet, wahrscheinlich, weil die Gemeinde nun durch den Lachs- und Fellhandel genug Einnahmen gesammelt hatte, um sich ein solches Prunkstück leisten zu können. Ein Blick ins Innere, auf die hübschen Kalkmalereien aus dem späten Mittelalter und aus Holz geschnitzte Figuren, lohnt sich jedenfalls.

Nederluleå kyrka im Herzen der Kirchstadt

Noch heute nennt sich das Dorf Kirchendorf, und einige Menschen bewohnen sogar dauerhaft manche der gut 400 niedrigen Häuschen mit ein oder zwei Kammern, auf Schwedisch „Kyrkstugor", Kirchenhäuschen, die einst den teils von weither angereisten Kirchenbesuchern als Übernachtungsmöglichkeit dienten. Da es heute in Schweden nur noch wenige Kirchendörfer dieser Art gibt, schaffte es Gammelstad Kyrkstad 1996 auf die Liste des UNESCO-Weltkulturerbes. Dass sich das heutige Zentrum Luleås in zehn Kilometern Entfernung befindet, liegt letzten Endes an der Landerhebung aus dem Meer über die Jahrhunderte, sodass ein neuer Hafen näher am Meer vonnöten war und sich drumherum eine neue Stadt bildete.

Gemütliche rote Holzhäuschen

Ein Besuch der Kirchenstadt beginnt bei der Touristeninformation, die über alle Hauptattraktionen informiert und eine Ausstellung zum Dorf bietet, Filme inklusive. Beim anschließenden Dorfbummel lassen sich unter anderem das Gasthaus, der Hauptmannshof und auch der Bürgermeisterhof besichtigen. Für den kleinen oder großen Hunger gibt es in der Touristeninformation ein Café sowie weitere Restaurants im Dorf.

Hat man das Kirchendorf fertig bestaunt und sich gestärkt, dann lädt das nicht minder interessante Museumsdorf Hägnan zum Besuch. Dieses verrät mehr über das Dorfleben über die Jahrhunderte und zahlreiche Gebäude stehen Besuchern offen, darunter ein echter Dorfladen, der aus

Museumsdorf Hägnan

Historischer Dorfladen im Museumsdorf

den 1930er-Jahren stammt. Mancherorts ist sogar Mitmachen angesagt, zum Beispiel beim Brotbacken im Holzkohleofen oder bei der Herstellung von Butter – ein großer Spaß nicht nur für Kinder. Die Kleinen dürfen sich außerdem auf Spielplätze und einen kleinen Streichelzoo mit Schafen und Schweinen freuen.

Info

Lage: Die Gammelstad Kyrkstad liegt ca. zehn Kilometer nordwestlich vom Stadtzentrum Luleås.

Anreise: Vom Zentrum Luleås (am Einkaufszentrum Smedjan) verkehren mehrere Buslinien in Richtung Gammelstad Kyrkstad, unter anderem die Linien 9 und 23, Fahrtzeit ca. 25 bis 30 Minuten. Auch die Anreise mit dem Auto ist möglich, rund um die Kirche finden sich Parkmöglichkeiten.

Website: *visitgammelstad.se*

HINWEIS: In der Sommersaison werden geführte Touren durch die Kirchenstadt angeboten.

32 Jopikgården

DIE INSEL-HUSKYFARM

Am gefühlten Ende der Welt von elf bildhübschen Huskys begrüßt werden, von einer kleinen Sauna über das Meer schauen und über dem offenen Feuer grillen? Abschalten vom Alltag ist in Jopikgården auf der Insel Hindersön Programm. Aber auch Action – bei Schlittenhundetouren, beim Eisfischen oder Eis-Yoga im Winter und bei Fatbike- oder Kajaktouren im Sommer.

Husky-Spaziergang auf der zugefrorenen Ostsee

Autofahrt über die zugefrorene Ostsee

Dort, wo Luleå endet, beginnt nicht einfach die Ostsee, sondern auch Luleås ausschweifender Schärengarten, der an die 1300 Inseln umfasst. Eine der größten davon ist Hindersön, etwa acht Kilometer vom Festland entfernt, nicht einmal eine halbe Stunde mit dem Motorboot. Und im Winter, wenn das Eis dick zugefroren ist, wird die offizielle „Eis-Straße" vom Festland nach Hindersön eröffnet, sodass man mit dem Auto auf die Insel düst! Wer sich das mit dem eigenen Auto oder gar Mietwagen nicht traut – kein Problem, dann holen einen Susanne, Eric oder Shane gerne mit dem Wagen oder auch Schneemobil vom Hafen ab – eine Schwedin, ein Amerikaner aus Alaska und ein Australier, die das Projekt „Jopikgården" 2020 ins Leben gerufen haben.

In einem alten Bauernhaus bieten sie Gästen vier behagliche Zimmer, in einem benachbarten roten Häuschen befinden sich weitere Schlafmöglichkeiten im Jugendherbergsstil. Luxus sucht man auf der Insel, die nicht mehr als 15 ständige Bewohner zählt, vergebens – findet dafür aber jede Menge „myse", Gemütlichkeit.

Herzliche Begrüßung durch Zwei- und Vierbeiner

Wer in Jopikgården ankommt, wird zunächst einmal gebührend begrüßt: mit freudigem Gebell der elf Huskys, von denen sieben erst Anfang 2020 geboren wurden, und wer mag, lässt sich auf wohlgemeinte, sehr fischige „Husky-Küsschen" ein. Futter gibt es um neun und um 19 Uhr, dazwischen führen die freundlichen Vierbeiner ihre Besucher liebend gerne Gassi, zum Beispiel bei einer Fatbike-Tour. Dank der Energie der Tiere erübrigt sich das Pedalentreten fast vollkommen – was manch einer bereuen mag, denn wenn an den Wochenenden das Waffel-Café öffnet, kann es schnell nötig werden, zusätzliche Kalorien zu verbrennen.

Nicht nur das Rudel Huskys, sondern auch das menschliche Dreierteam hat seinen Gästen einiges zu bieten – beispielsweise Eisfischen oder Eis-Yoga, eine Bootsfahrt durch das Archipel und

Das „Husky-Haus"

zu einigen der teils unbewohnten Inseln, samt einer „Fika", einem Picknick, versteht sich, Kajakfahrten auf der Ostsee oder Saunieren in der mit Holz betriebenen Sauna im winzigen Hafen. Am besten am Abend, nachdem das über dem offenen Feuer gegrillte Festmahl verputzt ist – das es natürlich erst gibt, nachdem man von Eric gelernt hat, nur mit einem Holzstück und Stein ein Feuer zu entzünden! Denn was gibt es Schöneres, als einen tiefenentspannten Inseltag in der spärlich von Kerzen erleuchteten Sauna ausklingen zu lassen und sich der einfachen und doch so wohltuenden Dinge des Lebens zu erfreuen?

Info

Lage: Hindersön ist ca. acht Kilometer vom Festland Luleås entfernt, im Luleå Archipel.

Anreise: Vom Zentrum Luleås oder vom Flughafen ist man nach wenigen Kilometern an einem kleinen Hafen samt Parkplatz, wo man das Auto auch für mehrere Tage stehenlassen kann und von Susanne, Eric oder Shane abgeholt wird (eine genaue Wegbeschreibung gibt es bei der Buchung). Ist man ohne Auto unterwegs, spricht man am besten einen Transfer ab.

Aktivitäten: variieren je nach Jahreszeit, zum Beispiel Waffel-Café am Wochenende ab dem Spätwinter, Hundeschlittenfahrten und Eisfischen im Winter oder Kajaken und Fatbiken im Sommer.

HINWEISE:

- Übernachtet wird im gemütlichen Hotelzimmer im Bauernhaus, im Hostel-Zimmer für bis zu vier Personen mit geteiltem Bad oder man campt (im Sommer) im „Baumzelt" für bis zu drei Erwachsene.
- Jopikgården bietet je nach Jahreszeit auch verschiedene „Packages", zum Beispiel den „Archipel Winter" oder das „Archipel Husky-Camp" (jeweils für vier Tage).

33 Treehotel in Harads

ÜBERNACHTEN IN BAUMWIPFELN

Wohnen in einem Baumhaus? Dafür muss man sich nicht in die Kindheit zurückträumen oder gar Kind sein. Das Treehotel in Harads bietet nämlich urgemütliche und komfortable Unterkünfte in den Baumwipfeln – ein Zimmer kreativer als das andere. Zur Auswahl stehen unter anderem ein verspiegelter Würfel, ein Vogelnest oder seit 2022 ein Design aus 350 Vogelhäuschen.

„Baumzimmer mit zeitgenössischem Design inmitten von unberührter Natur" – das Treehotel hält, was es verspricht. Einen Ort, wo die Alltagssorgen schnell verpuffen und die Stille des umgebenden Waldes selbst bei gestressten Besuchern schnell den Aus-Knopf drückt.

Rotes Häuschen, heißt aber „The Blue Cone"

Die ungewöhnlich kreative Idee, gemütliche und umweltfreundliche Unterkünfte zwischen den Bäumen zu erschaffen, entstammt dem Ehepaar Kent Lindvall und Britta Jonsson-Lindvall, das selbst in Harads aufwuchs. Inspiration bekamen die Norrbottener unter anderem durch den Film „The Tree Lover" des ebenfalls aus Schwedisch Lappland stammenden Regisseurs Jonas Selberg Augustsén – eine Geschichte über die Bedeutung der Bäume für die Menschen. Über die mancher Gast vielleicht gerne nachdenkt, wenn er aus vier bis sechs Meter Höhe über die Baumgipfel hinweg zum Luleälven schaut.

Sorgen, dass die Natur durch die Unterkünfte und Besucher zu Schaden kommt, braucht man sich nicht zu machen: Der Bau gründet auf Nachhaltigkeit und nachhaltiger Energie. Die Zimmer sind jeweils mit Verbrennungstoiletten ausgestattet sowie mit Waschbecken, die zum Waschen von Händen und Gesicht mit Wasser aus einer Karaffe ausreichen – Duschen befinden sich außerhalb der Zimmer in Holzhütten, wo auch eine Sauna zum Saunieren mit Waldblick einlädt. Das Baumwipfel-Hotel von Harads erfreut sich mittlerweile so großer Beliebtheit in Schweden und über seine Grenzen hinaus, dass zahlreiche internationale Fernsehproduzenten, Journalisten und VIPs zu Besuch kamen – bis hin zur schwedischen Kronprinzessin Victoria!

Gäste haben die Qual der Wahl zwischen acht individuellen Unterkünften zwischen den Bäumen: Da wäre der kaum sichtbare Spiegelwürfel, „Mirrorcube“, in dem sich die umgebenden Bäume spiegeln, dessen Wände aus Reflexglas bestehen. Nicht minder ausgefallen ist der „7th Room“, dessen Unterseite zwar nicht verspiegelt, aber von einem riesigen Foto der Baumwipfel bedeckt ist. Oder das überdimensionale Vogelnest, „Bird's nest“, das man über eine Leiter besteigt. Den besten Ausblick bietet dagegen „The Cabin“, zu dem eine Brücke zwischen den Bäumen hinaufführt. „The Dragonfly“ ist eine schicke Suite, mit Blick über die Bäume vom Bett aus, während „The Blue Cone“ mit seiner traditionellen Holzstruktur für Einfachheit steht. Bis 2022 stach „das Ufo“ am meisten ins Auge, das aussieht, als wäre es gerade von einer fernen Galaxie in den Wäldern Schwedisch Lapplands gelandet. Nun wartet das Treehotel jedoch mit einer weiteren Besonderheit auf: einem achten Zimmer, einer Kugel mit 350 daran befestigten Vogelhäuschen namens „Biosphere“, um der abnehmenden Vogelbevölkerung in den schwedischen Wäldern ein klein wenig entgegenzuwirken.

Sollten alle Baum-Zimmer ausgebucht sein, bietet noch immer das Gasthaus mit Restaurant in wenigen hundert Metern Entfernung eine hübsche Unterkunftsalternative.

Info

Lage: Harads liegt etwa 85 Kilometer nordwestlich von Luleå.

Adresse: Edeforsväg 2A, 960 24 Harads

Anreise: Die einfachste Anreise zum Treehotel ist mit dem Auto. Möchte man öffentliche Verkehrsmittel nutzen, so fährt ein Zug von Luleå bis nach Boden, dem nächstgelegenen Bahnhof. Von dort sind es noch etwa 35 Minuten Autofahrt bis zum Hotel – das auch den Transfer vom Bahnhof oder vom Flughafen in Luleå anbietet. Spielt Geld keine Rolle, bietet das Hotel sogar einen Hubschrauber-Transfer vom Flughafen an!

Website: *treehotel.se/en*

HINWEIS: Neben einer gewöhnlichen Zimmerbuchung gibt es auch „Packages" wie das „Romantische Wochenende in einem Baumzimmer". Aktivitäten wie Hundeschlittenfahrten, Schneemobilfahrten oder Eisfischen lassen sich ebenfalls hinzubuchen.

34 Sörbyn Lodge

SEEROMANTIK MIT GESCHICHTE

Es sind nicht nur die komfortablen Holzhütten mit Seeblick und Grillstelle direkt am See, die zum Verweilen und Abschalten einladen. Es ist auch die Aussicht auf einen Angel- oder Jagdausflug an einem von Schwedens größten Wald-Flüssen, die einen Aufenthalt in der Sörbyn Lodge sowohl Anglern als auch Jägern und Ruhesuchenden nahelegt.

Lage am See Vitträsket

Biegt man nach einer etwas holprigen Asphaltstraße in den Weg zur Sörbyn Lodge ein, mit dem rechter Hand in der Sonne glitzernden See, kommt schnell das Gefühl auf, in einer parallelen Welt angekommen zu sein. An einem Ort, der der Stille und dem Frieden gehört. Mietet man eine der 1995 erbauten Hütten mit Seeblick, sind es nur ein paar Schritte bis zur Grillstelle am See oder bis zum Steg, von dem man sich im Sommer ins kühle Nass stürzt. Gemütliche Zimmer gibt es dagegen im Lodge-Hauptgebäude mit dem Restaurant Kallkällan, einer der angeblich besten kulinarischen Adressen in Norrbotten. Dort setzt man auf lokale Produktion, auf dem Speiseplan stehen unter anderem Elch, Rentier oder Seesaibling, dazu gibt es Beeren aus den umgebenden Wäldern oder Pilze. Die Räuchermethoden sind dabei ebenso vielseitig wie die Grillmöglichkeiten, und im Sommer gibt es gar Thementage – beispielsweise „Fine Dining" am Samstagabend oder „Summer Friday" mit umfangreichem Buffet.

Bei so viel Idylle ist schwer vorstellbar, dass der Ort am See bis in die 1980er-Jahre ein beliebter Treff- und Tanzplatz für die Dörfler und Menschen aus der Region war. Und dass im Jahr 1966 selbst der Schauspieler Roger Moore dem Festplatz von Sörbyn eine Stippvisite abstattete, auf einer Promotionstour für die Fernsehserie „Simon Templar".

Palle Andersson, einer der Gründer der Lodge und CEO, kann stundenlang erzählen. Von der spannenden Geschichte des Dorfes Sörbyn und vom Durchhaltevermögen, das nötig war, bis die Dörfler den Lodge-Bau akzeptierten. Ebenso gerne teilt Andersson seine Leidenschaft fürs Angeln und Jagen mit seinen Gästen, weshalb beide auf dem Aktivitäten-Programm der Lodge stehen. Wer also genug entspannt oder gebadet hat, kann sich mit dem Kenner der Region auf den Weg zum 210 Kilometer langen Råne älv machen, einem attraktiven Wald-Fluss, wo man unter anderem Baltische Lachse und kapitale Hechte fischt, ebenso wie Barsch, Zander und Aland. Besonders beliebt ist das Fliegenfischen. Darüber hinaus bieten sich manche der Seen rund um die Sörbyn Lodge zum Angeln an, auch der Vitträsket genannte See vor der Unterkunft selbst, in dem beispielweise arktische Saiblinge leben.

Sonnenuntergang am Vitträsket

Wer mehr Geld ausgeben möchte für ein einzigartiges Erlebnis, kann einen Tag lang mit Andersson auf die Jagd gehen. Besonders gern bekommt er verschiedene Vögel vor das Gewehr, seien es Birkhühner oder Auerhähne, und das mithilfe seiner regionstypischen Jagdhunde, dem Finnischen oder Norrbotten-Spitz. Wer dem Hotelbesitzer folgt, wird nicht nur sein eigenes Abendessen selbst schießen lernen, sondern vor allem auch ein Gesamtbild von der Bedeutung der Jagd in Nordschweden bekommen – die weit über die Nahrungsbeschaffung hinausgeht und auch der Kontrolle der Anzahl an Raubtieren dient.

Lodge-Eingang

Info

Lage: Gunnarsbyn liegt etwa 70 Kilometer nördlich von Luleå.

Adresse: Sörbyn 222, 961 97 Gunnarsbyn

Anreise: Die einfachste Anreise zur Sörbyn Lodge ist mit dem Auto. Der nächste Flughafen ist Luleå, von dort sind es gut 70 Kilometer (ca. eine Stunde) bis zur Unterkunft. Mit öffentlichen Verkehrsmitteln dauert die Anreise etwa zwei Stunden – mit dem Bus vom Flughafen ins Zentrum von Luleå, von dort weiter nach Boden und nach dem Umsteigen mit Bus 260 in Richtung Gunnarsbyn Affären weiter bis Sörbyn Hockeyplan.

Website: *sorbyn.se/en*

Aktivitäten: Neben Entspannung und Baden im See bietet die Lodge je nach Jahreszeit verschiedene Aktivitäten an, vor allem Angel- und Jagdausflüge.

35 Piteå

MEHR ALS NUR LANGE SANDSTRÄNDE

Der Ort Piteå ist mit seinem kilometerlangen Sandstrand von Pite Havsbad ein beliebtes Sommerziel, doch ein Besuch lohnt sich auch in den anderen Jahreszeiten. Dann schlendert man beispielsweise durch die Kirchstadt, eine der größten und besterhaltenen Schwedens aus dem 17. Jahrhundert. Übernachten kann man in einem der gemütlichsten B&Bs der Gegend.

Spricht man von Piteå, haben die meisten Einheimischen sogleich einen Sandstrand von mehreren Kilometern vor Augen, einen großen Campingplatz und eine Menge Sommervergnügen. Dabei bietet die Küstenstadt mit ihrem subarktischen Klima und etwa 24.000 Einwohnern mehr als nur Strandspaß in den für Nordschweden recht langen Sommern. Da wäre zum einen Öjeby Kyrkstad, die Kirchenstadt Piteås, nur sechs Kilometer vom Zentrum entfernt. Nicht nur Luleås Kirchstadt ist einen ausgedehnten Spaziergang wert, sondern ebenso Piteås (beide gelten als größte Kirchstädte Norrbottens) mit ihren teils auf das 17. Jahrhundert zurückgehenden, meist wunderbar erhaltenen Holzhäusern. Dort, wo sich im Winter die Schneemassen vor den Haustüren auftürmen, übernachteten Kirchbesucher der gemütlichen Kirche, die ebenfalls einen Blick ins Innere lohnt, noch bis ins 20. Jahrhundert. Ebenso wie die Häuschen von Luleås Kirchstadt, wurden die Holzhäuser rund um Piteås Kirche von Bauern gebaut, die sich so eine Übernachtungsmöglichkeit nach einem langen Weg zur Kirche sicherten.

Hat man die Möglichkeit, sich eines der Kirchenhäuser von innen anzusehen, fällt auf, dass diese in Piteå anders als in Luleå oft zwei Kammern besaßen. Allerdings gibt es auch größere Gebäude mit zwei Etagen, die vier bis sechs Kammern umfassen. Einen Plan für den Bau gab es nicht, vielmehr wuchsen die Häuserreihen mit der Zeit entlang den Straßen, die von den Dörfern zur Kirche führten. Nicht bei allen Gebäuden ist klar, wann diese genau entstanden. Jedoch ist gesichert, dass Nummer 16 nach 1781 entstand, Nummer 153 nach 1818 und Nummer 191 nach 1835.

Möchte man nach dieser Geschichtslektion im Sommer eine Runde in der Ostsee baden oder am goldenen Sandstrand liegen, befindet sich Pite Havsbad nur zehn Kilometer südöstlich vom Stadtzentrum entfernt. Heute scheint es bei dem ausgedehnten Campingplatz und den vielen Sommerbesuchern unvorstellbar, dass das beliebte Seebad in den 1940er-Jahren mit nur einem Kiosk begann. Das änderte sich in den 1950ern, als das Seebad den Namen „Riviera Norrbottens“ verpasst bekam, nachdem es drei Jahre aufeinander das wärmste Badewasser von ganz Schweden aufgewiesen hatte. Sogar FKK-Anhänger kommen an dem langen Sandstrand auf ihre Kosten – im nördlichsten Teil. Wer mehr Action braucht, findet diese im Erlebniszentrum Skeppet im ehemaligen Kuppelkino Akva – ob Minigolf, Billardspielen oder andere Aktivitäten für die ganze Familie, hier gibt es alles, was man sich für einen Strandurlaub wünscht, sogar ein Freibad mit Wasserrutschen und Saunas.

Historisches Wohnhaus der Kirchstadt

Für eine Übernachtung in Piteå bietet sich ein besonders gemütliches Gasthaus in der Nahe des Stadtzentrums an, das Pensionatet. Es vermittelt ein Gefühl von Zuhause – durch die mit Detailliebe gestalteten, individuellen Zimmer mit Holzwänden und Holzböden, darunter das „Smålandsrummet" mit dem schwedischen Wald als Thema, ein Zimmer namens „Ulrike", das für die Liebe steht, unter anderem zur Stadt Piteå, oder „Moas Rum", das Bauernhausflair mit Modernität verbindet. Wer hungrig ist, findet im Restaurant des Pensionatet auch die garantiert beste Pizza der Stadt.

Eingang zur Kirchstadt

Info

Lage: Piteå liegt gut 55 Kilometer südlich vom Flughafen Luleå.

Anreise: Vom Flughafen Luleå mit dem Auto in ca. 45 Minutern erreichbar, aber auch mit Bussen (ca. 1,5 Stunden). Piteås Kirchstadt befindet sich etwa sechs Kilometer vom Zentrum entfernt, Pite Havsbad etwa zehn Kilometer weiter südlich.

Website Pite Havsbad: *pitehavsbad.se*. Dort findet man Informationen zu Unterkünften, Restaurants und Aktivitäten.

Unterkunft: B&B Pensionatet mit Restaurant, Reservierung vorab empfiehlt sich; Malmgatan 11, 941 31 Piteå, *pensionatet.com*

36 Norrfjärden

HUNDESCHLITTENFAHRT AUF DER SVEDJEKOJAN HUSKYFARM

Aufgeregtes Gebell von bewegungsfreudigen Alaskan Huskys, das in die Weite der Natur hinaushallt, und eine Besitzerin, die sich für jeden Gast Zeit nimmt – das bietet die Svedjekojkan Husky Farm ein Stück landeinwärts von Piteå. Wenn es nach der Schlittenhundefahrt auch noch „Fika" am offenen Feuer in der Kote gibt, ist das Glück vollkommen.

„Die Hunde sind meine Kinder", erzählt Caisa Ohlsson, die seit 2001 die Svedjekojan Huskyfarm in Norrfjärden, ein Stück landeinwärts von Piteå, führt. Von den vierbeinigen Kindern hat sie genau 60, fast alle Alaskan Huskys. Die nordamerikanische Rasse ist laut Ohlsson weniger wärme- und hitzeempfindlich als der weitaus bekanntere sibirische Husky, aber ebenfalls dafür geboren zu rennen. Kaum nähert man sich dem Hundegehege, ertönt begeistertes Gebell, jeder will als Erster rennen. Ohlsson und ihre Helfer bekommen die Tiere kaum ins Gespann, so aufgeregt sind sie, dass es endlich losgeht.

Caisa Ohlsson ist leidenschaftliche Musherin.

Besucher haben im Winter die Wahl zwischen einer ein- oder zweistündigen Schlittenhundetour, zwischen einer bequemen Mitfahrt auf dem Schlitten, bei der man in aller Ruhe die umgebenden Wälder, den vereisten See und die Landschaft bewundern kann, oder einer Fahrt, bei der man selbst steuern und Befehle abgeben kann. Letzteres bedarf einer kleinen Einweisung, ist jedoch mithilfe von Expertin Ohlsson auch für Schlittenhunde-Anfänger prob-

Fahrt über einen zugefrorenen See

lemlos zu bewältigen. Macht man sich mit Ohlsson als Musher (Bezeichnung desjenigen, der das Schlittenhundegespann lenkt) auf den Weg, stellt sie einem die Hunde zunächst mit Namen vor und erklärt, wer mit wem wie verwandt ist. Die schwedischen Befehle „links" oder „rechts" befolgen die Tiere wie im Schlaf, während sie so schnell rennen, dass ihre Hinterbeine kaum den Boden zu berühren scheinen. Für jede mit Bravour gemeisterte Kurve lobt Ohlsson ihre Tiere und es ist leicht vorstellbar, dass sie schon mit Hunden aufgewachsen ist und sich zunächst hilfsbedürftiger Schäferhunde annahm, bevor sie ins Hundeschlittengeschäft einstieg.

Aufwärmen in der gemütlichen Kote

Ist einem nach der Schlittentour kalt geworden, heißt es Aufwärmen in der Kote, einer großen Holzhütte, in deren Mitte über dem offenen Feuer Kaffee in einem Kessel kocht. Dazu gibt es Fika, beispielsweise von Ohlsson selbst gebackenen Himbeerkuchen – aus im Herbst von Hand gepflückten Himbeeren.

Auch wer außerhalb der Wintermonate in der Gegend ist, kann Svedjekojan einen Besuch abstallen. Dann besteht die Möglichkeit, die Farm zu besichtigen und mehr über die Huskys und ihr Training zu lernen, gefolgt von einer Fika im Café Tranuträsk, das zwischen Ende Juni und Anfang August geöffnet ist. Dazu kommen gemütliche Pub-Abende, an denen jeder teilnehmen kann, mit Speisen und Getränken aus der Gegend. Das weitere Angebot umfasst Luftgewehr-Wettbewerbe oder eine Floßfahrt auf dem See Tranuträsk, ab Sommer 2022 soll es außerdem Sommerwanderungen mit Huskys geben. Und wer sich im Herbst nicht scheut, mit Ohlsson auf die Jagd zu gehen, kann sie und ihre Jämthunde bei der Elchjagd begleiten.

Info

Lage: Norrfjärden liegt etwa 15 Kilometer nördlich von Piteå. Die Svedjekojan Huskyfarm ist noch weitere zwölf Kilometer nördlich.

Adresse: Tranuträsk 70, Norrfjärden

Anreise: Der nächste Flughafen befindet sich in Luleå, von dort sind es mit dem Auto ca. 35 Minuten bis zur Huskyfarm. Öffentliche Verkehrsmittel gibt es in die Gegend nicht.

Website: *svedjekojan.se*

Aktivitäten:

- Angebot Winter: Hundeschlittenfahrt. Man kann auch selbst Musher sein (erst ab 18 Jahren möglich).
- Angebot Sommer: Besuch der Farm, um mehr über die Huskys zu erfahren. Ab 2022 Wanderungen in die Umgebung mit Huskys. Luftgewehr-Wettbewerbe inkl. Kaffee und Kuchen. Floßtour auf dem Tranuträsk. Lunch/Dinner in der Kote mit typischen Gerichten aus der Region, zum Beispiel Wok mit geräuchertem Rentierfleisch, Schweinefleisch und Kartoffeln.

37 Rosfors

DIE WELT DER SAMEN UND DER RENTIERZUCHT HEUTE

Samen treffen, über ihre Kultur, die Rentierzucht und ihr Leben lernen – das geht in den Wintermonaten auch in Küstennähe. Dann sind nämlich die Samen Katarina Parfa und ihr Mann Ronny Koskinen (siehe Tipp 20, Parfas Kiosk) mit ihren Rentieren im Winter-Wohnsitz in Rosfors und vermitteln ein authentisches Bild der Welt der Samen heute.

Katarina Parfa Koskinen stammt aus einer samischen Familie aus dem Samendorf Tuorpon – wobei die erste Lektion lautet, dass ein „Samendorf" kein Dorf im klassischen Sinne ist. Vielmehr versteht man darunter eine administrative Gemeinschaft (siehe auch den im Buch zum leichteren Verständnis verwendeten Begriff „Samengemeinschaft"), innerhalb der mehrere Samenfamilien ihre Weidewiesen für Rentiere haben. Das Tuorpon-Gebiet reicht dabei von den Bergen an der norwegischen Grenze (wo Katarinas und Ronnys Rentiere im Sommer weiden und wo sie den aus Tipp 20 bekannten Parfas Kiosk im Padjelanta Nationalpark betreiben) bis in die Küstenregion zwischen Luleå und Piteå. In Letzterer, genauer gesagt in Rosfors bei dem Dorf Sjulsmark, trifft man Katarina und Ronny in den Wintermonaten von Dezember bis April an, bevor sie für den Sommer mit ihren Rentieren in die Berge umziehen.

Katarina Parfa füttert ihre Rentiere.

Zwischen dem 1. Dezember und dem 1. April bietet das Paar Besuchern nicht nur die Möglichkeit, Rentiere zu treffen, sondern auch, ein ungeschöntes Bild der Rentierzucht und des Lebens der Samen heute zu erhalten. Beim offenen Feuer im Lavvu, dem traditionell samischen Zelt, sitzt man beieinander, während die leckere Sápmi-Fleischsuppe zu sprudeln beginnt und das hausgemachte samische Brot verführerisch duftet, neben getrocknetem Rentierfleisch, das zur Verkostung bereitsteht.

Willkommen-Schild am Eingang

Wer mit einer romantisierten Vorstellung von einem idyllischen Leben von Samen und Rentieren ankommt, wird enttäuscht: Katarina Parfa zeichnet kein negatives, aber durchaus ein sehr realistisches Bild der Rentierzucht heute, die den Veränderungen durch den Klimawandel, einer wachsenden Anzahl an Raubtieren und kapitalistischen Interessen unterworfen ist. Alle Fragen der Besucher sind willkommen und werden ehrlich beantwortet. Und wer wissen möchte, woran man echte und wertvolle samische Kleidung von Billigware unterscheidet, dem zeigt die Samin, die bei kaltem Wetter selbst ihren traditionellen Umhang in den Farben der samischen Flagge trägt, die wichtigsten Merkmale auf.

Wer mag, hat im Nachhinein nicht nur die Chance, die im Winter in den Wäldern hinter dem Haus weidenden Rentiere zu besuchen und zu füttern, sondern auch, eines mit einem Lasso, „suohpan" genannt, einzufangen. Dieses muss das Geweih umschlingen, damit man das Tier zu sich heranziehen kann, ohne ihm zu schaden. Diese Praxis nutzen die Samen noch heute, um ihre Rentiere einzufangen. Verschiedene „Packages" mit den unterschiedlichen Erlebnissen lassen sich vorab über die Website buchen.

Rentierbesuch im Wald hinterm Haus

Info

Lage: Rosfors liegt außerhalb des Dorfes Sjulsmark, ca. 30 Kilometer von Piteå und 40 Kilometer von Luleå entfernt.

Adresse: Rosforsvägen 496, 945 93 Sjulsmark

Anreise: Der nächste Flughafen ist in Luleå, von dort sind es mit dem Auto ca. 30 Minuten bis zu PK Reindeer. Öffentliche Verkehrsmittel gibt es in die Gegend nicht.

Website: *parfa.se*

Aktivitäten:

- Rentier-Erfahrung mit Verkostung samischer Gerichte, ca. 2,5 Stunden
- Ein Tag als Rentierhalter mit Informationen rund um Rentiere, ca. 3,5 Stunden
- Kurzer Rentierbesuch, ca. 45 Minuten
- Alle Angebote sind auch für Kinder geeignet.

38 Storforsen

DIE GRÖSSTEN STROMSCHNELLEN SKANDINAVIENS

Unabhängig davon, ob man Storforsen im Sommer oder Winter besucht – die mächtigen Stromschnellen liefern zu jeder Jahreszeit ein imposantes Naturerlebnis. Im Sommer sind die Wanderpfade leicht zugänglich und laden zu einem entspannten Tag in der Natur ein, im Winter beeindrucken die immer neuen Wege, die sich der Wasserstrom durch Eis und Schnee bahnt.

Storforsen im Spätwinter

Storforsen liegt in der von Wasser geprägten Region von Älvsbyn, auch als „Perle von Norrbotten" bezeichnet, mit über hundert Seen und zahlreichen Wasserstraßen. Von besonderer Bedeutung ist der Fluss Piteälven, der auf 440 Kilometern die Landschaft durchfließt. Bei der kleinen Ortschaft Bredsel ist es genau dieser Fluss, der das Spektakel von den angeblich größten Stromschnellen Europas aufbietet, Storforsen, die sich über fünf Kilometer lang ziehen. Schon aus der Ferne rauscht und dröhnt das Wasser, das sich 82 Meter in die Tiefe stürzt, mit 250 Kubikmetern die Sekunde. Im Sommer – man sagt, rund um Mittsommer sei der Wasserfluss am gewaltigsten – kann sich dies sogar bis auf 870 Kubikmeter steigern. Doch selbst Winterbesucher erleben die Urkraft des Wassers, das an dieser Stelle zu mächtig ist, um jemals vollkommen einzufrieren.

Besucher kommen ganz nah an die Stromschnellen heran: Auf gut zwei Kilometern führt ein schöner und einfacher Weg (Achtung: Im Winter ist er manchmal glatt und es wird nicht geräumt!) teils über Holzbrücken und Stege durch die Landschaft, ausgeschildert mit zahlreichen Informationstafeln zu Flora und Fauna. Und nicht nur das – selbst mehrere Grillplätze stehen entlang des Weges zur Verfügung. Von den schönsten Aussichtspunkten schweift der Blick über die letzten Kilometer des Storforsen, der sich Richtung Tal stürzt, genau auf das Storforsen Hotel zu, das sich vor den bewaldeten Hügeln erhebt.

Storforsen Hotel

Die Stromschnellen liegen in einem 1971 gegründeten Naturschutzgebiet voller Wanderwege. Im Sommer öffnen das am Eingang gelegene Restaurant, ein Souvenirladen sowie ein Forst- und Floßmuseum. Dessen Ausstellung verrät viel über das frühere Leben der Menschen in Flussnähe oder in den Wäldern. Zudem lassen sich historische Gebäude und Hütten bewundern, teils auch Ställe und Werkzeuge aus der Forstwirtschaft.

Erklärungstafel zum Storforsen Naturreservat

Für Naturaktive bietet sich im Sommer Rafting in den Stromschnellen des Piteälven an oder eine geführte Wanderung in die Umgebung. Besonders beliebt: ein Besuch des „Totes Falls" Döda fallet, der entstand, als Arme des Storforsen austrockneten und sich neue Wasserwege bildeten. Er ist umgeben von wilden Schluchten und Felsen. Rund um den Storforsen trifft man außerdem auf ein Delta voller Sümpfe und Wiesen mit unzähligen Kräutern und einer Menge Waldbeeren.

Info

Lage: Die Stromschnellen Storforsen liegen 38 Kilometer nordwestlich von Älvsbyn.

Anreise: Am besten mit dem Auto, zum Beispiel ab dem Flughafen Luleå über die E4 und Route 94 über Älvsbyn bis nach Bredsel. Öffentliche Verkehrsmittel gibt es dorthin nicht.

Website: *alvsbyn.se*. Informationen zum Storforsen und zur Umgebung. Hier kann man sich eine Touristenbroschüre herunterladen.

Aktivitäten:

- Kurze Wanderung zu den schönsten Aussichtspunkten des Storforsen auf zwei Kilometer langen Wegen/Stegen mit Informationstafeln. Man fährt bis zum Parkplatz des Naturschutzgebietes kurz hinter dem Storforsen Hotel.
- Ein weiterer schöner Wanderweg führt vom Storforsen Hotel hoch zu den Stromschnellen (nur im Sommer, im Winter sind die Brücken über den eingefrorenen Fluss unter der Schneelast zerfallen, ein Spaziergang über den zugefrorenen Fluss ist nicht zu empfehlen, auch wenn sich dort manchmal Schneemobilspuren abzeichnen!).
- Im Sommer Möglichkeit zum Rafting, Paddeln oder Fischen. Mehr Informationen bietet das Storforsen Hotel: *storforsen.se*

39 Nordanå

KULTUR UND GESCHICHTE IN SKELLEFTEÅ

Skellefteå mag auf den ersten Blick touristisch unattraktiv wirken. Dabei steht es für eine lebendige Kulturszene, unter anderem für das geschichtsträchtige Nordanå. Dort sind nicht nur das Skellefteå Museum, die Kunstgalerie und ein Theater angesiedelt, sondern auch historische Häuser. Die laden teils zum Kennenlernen verschiedener Kunsthandwerke ein.

Eingangstür Kågegården

Als „grüner Treffpunkt für Kultur“ wird Nordanå gerne bezeichnet – der kulturhistorische Teil Skellefteås in unmittelbarer Zentrumsnähe, der auch den Einheimischen als familienfreundliches Kultur- und Erholungsgebiet dient. Verlässt man das moderne Herz der Stadt, fühlt sich die Ankunft im ruhigen und ländlich wirkenden Nordanå an wie das Eintauchen in eine Oase voller Überraschungen. Dort dreht sich alles um Kultur und Geschichte – kein Wunder, blickt doch gerade dieser Stadtteil auf eine mehr als 700-jährige Geschichte zurück. Das dortige, 1982 eröffnete Skellefteå Museum befindet sich in einem Universitätsgebäude. Es bietet einen Überblick über die Kulturgeschichte der Region und ist ein schöner Einstieg, um das ruhig gelegene Kultur- und Freigelände gut informiert zu erkunden.

Nordanågården mit Restaurant

So fungierte das Areal einst beispielsweise als Markt- und Übungsplatz. Die Häuser bewohnten unter anderem Angehörige der Skellefteå-Kompanie – je höher die Befehlsgewalt, desto größer das Haus. Die noch heute zu besichtigende, 1764 errichtete Militär- bzw. Hauptresidenz Nyborg bewohnten bis ins Jahr 1850 Offiziere.

Haus Nyborg war ein Offizierwohnhaus.

Das sehr viel kleinere Häuschen daneben, Kågegården, ebenfalls aus dem 18. Jahrhundert, hat einen für ein Haus recht langen Umzug hinter sich – 1928 wurde es aus dem Städtchen Kåge nach Nordanå gebracht. Einige der Häuser stehen im Sommer offen, darunter die „Webstube", wo man beim Weben zuschauen oder sich selbst daran probieren kann.

Historischer Dorfladen

Die historischen Gebäude wechseln sich ab mit Vogelteichen und Weitblick über den angrenzenden Fluss Skellefteälven. Im Sommer wird Nordanå außerdem zum Schauplatz des sogenannten Trästock Festivals (im Juli oder August), Schwedens größtem kostenfreiem Festival mit einer Menge Livemusik und Kulturveranstaltungen. Dazu kommt ein Sommertheater, und in der Vorweihnachtszeit wartet Nordanå sogar mit einem Weihnachtsmarkt auf.

Südlich von Nyborg befindet sich das Gasthaus Nordanågården, das zwar keine Übernachtungsmöglichkeiten mehr bietet, wohl aber eine leckere Küche. Folgt man gut gestärkt dem Spazierweg entlang des Flusses Skellefteälven, geht es vorbei an weiteren historischen Stätten bis nach Bonnstan, Skellefteås Kirchenstadt mit 116 Häusern, die dem 17. Jahrhundert entstammen. Wie in allen schwedischen Kirchstädten wurden die Häuser einst von Kirchbesuchern zum Übernachten genutzt. Die dortige Kreuzkirche wurde 1800 fertiggestellt und gilt als eine der größten Nationalkirchen Schwedens. Nicht weit davon entfernt wartet eine weitere Superlative – die Lejonströmsbron, Schwedens älteste Holzbrücke. Ist man zu Mittsommer in Bonnstan, kann man einem der bunten Mittsommerfeste beiwohnen, in anderen Monaten aber auch einem Markt oder Kirchwochenende.

Info

Lage: Skellefteå liegt etwa 131 Kilometer südlich von Luleå. Nordanå liegt westlich des Zentrums, am Fluss Skellefteälven; Nordanå und Bonnstan liegen nebeneinander, verbunden durch einen Spazierweg am Fluss entlang.

Anreise: Mit dem Auto ab Flughafen Luleå über die E4 (ca. 1,40 Stunden) oder mit dem Bus ab Luleå bis Skellefteå Busbahnhof (ca. drei Stunden). Von dort sind es nur wenige hundert Meter bis nach Nordanå. Hinweis: Nahezu alle Parkplätze in Skellefteå sind kostenpflichtig und zum Zeitpunkt der Recherche nahmen die Parkautomaten keine ausländischen Kreditkarten an! Am Bistro Nordanågården kann man allerdings zwei Stunden gratis parken.

Website: *visitskelleftea.se/en/294068/Nordana*

Aktivitäten:

- Skellefteå Museum: Ernst Westerlunds Allé, 931 32 Skellefteå, *skellefteamuseum.se*

Restaurant:

- Nordanågården Bistro: Strandgatan 4, 931 21 Skellefteå, *nordanagarden.se*

40 Svedjan Ost

EINER DER LECKERSTEN KÄSE NORRBOTTENS

Die Meierei Svedjan Ost ist ein Familienbetrieb mit eigenen Kühen, der nicht nur Milch produziert. Dort entsteht auch vorzüglicher Käse nach schwedischer Tradition, allerdings von Frankreich inspiriert. Das Ergebnis ist ein in der Region einzigartiger Käsegenuss. Verkostung und Kauf im Sommercafé, auch Führungen sind auf Anfrage möglich.

In der Provinz Norrbotten einen Bauernhof zu finden, der leidenschaftlich Käse produziert und der zudem über eigene Kühe verfügt, das ist selten. Ein Grund mehr, einen Abstecher zu Svedjan Ost in dem Sieben-Häuser-Dorf Södra Svedjan westlich von Skellefteå zu machen. Dort gründete das Bauernehepaar Johanna und Pär Hellström 1999 seinen Hof mit etwa 40 Kühen und dem Ziel, Milch von hervorragender Qualität zu produzieren. Doch die Zeiten änderten sich und damit die Pläne: 2010 kam eine kleine Molkerei hinzu, später folgte eine Studienreise nach Frankreich. Und genau dieser ist zu verdanken, dass Besucher heute äußerst leckeren Käse bei den Hellströms verkosten dürfen. Das Paar fühlte sich äußerst inspiriert von der französischen Käseherstellung, renovierte die Molkerei daheim und machte sich selbst an die Herstellung von Käse. „Durch die Hofkäserei erfüllen wir uns den Wunsch, etwas zu schaffen, das Herz, Schmerz und vieles mehr vermittelt, was zur harten Arbeit und Schönheit des Hoflebens im nördlichen Waldgebiet gehört“, verrät schon die Homepage der Molkerei.

Per hällström mit seinem Svedjan Gårdsost

Glückliche Kühe im Spätwinter

Jeden Morgen ist Melkzeit, und aus dieser Morgenmilch entsteht der hauseigene Käse. Darunter der beliebteste Käse der Farm und in Schweden preisgekrönt: Svedjan Gårdsost, ein körniger Hartkäse, auf dessen Oberfläche auf natürliche Weise verschiedene Schimmelpilze reifen. Diese bilden eine Art Hülle der Natur, die den Käse schützt und zur Geschmacksbildung während der Reifung beiträgt. Der Käse aus unbehandelter Kuhmilch, Säurekultur, Lab und Meersalz lagert idealerweise ein Jahr oder länger. Daneben gibt es den sogenannten Schweden Rustikal, der aus Experimenten mit unterschiedlichen Sorten von Blauschimmelkäse entstand. Den Namen erhielt er, weil die raue Oberfläche aus Schimmel nicht nur als besonders schön, sondern auch als rustikal beschrieben wurde. Wer hingegen einen Käse zum Backen und Grillen sucht, greift auf der Svedjan Ost-Farm zum Schweden Löpeld, der sich wunderbar als Vorspeise oder Dessert eignet.

Möchte man nicht nur Käse verkosten, sondern ist auch einer süßen Versuchung nicht abgeneigt, bietet sich in den Sommermonaten der Besuch des Hofcafés an, der Svedjan Bageri, die der Sohn des Ehepaars Hellström ins Leben gerufen hat. Dort gibt es neben den leckeren Käsesorten die typische schwedisch Fika, unter anderem mit Zimtschnecken und Kaffee, aber auch frisch gebackene Brötchen und Sauerteigbrote. Der Weitblick über den angrenzenden See und die auf der Wiese grasenden Kühe ist inklusive.

Hier entsteht der leckere Käse.

Info

Lage: Kåge liegt etwa 130 Kilometer südlich von Luleå. Von Kåge ist Södra Svedjan, wo die Farm Svedjan Ost liegt, etwa 27 Kilometer in nordwestlicher Richtung entfernt.

Adresse: Södra Svedjan 29, 934 32 Kåge

Anreise: Am besten mit dem Auto, zum Beispiel ab Flughafen Luleå über die E4 und Drängsmark. Öffentliche Verkehrsmittel gibt es in die Gegend nicht.

Website: *svedjanost.se*

HINWEISE:

- Möchte man die Farm besuchen oder ist gar an einer Führung interessiert, sollte man vorab per E-Mail oder telefonisch anfragen, ob Kapazitäten dazu bestehen und einen Termin ausmachen. Um zumindest einen kleinen, kostenlosen Einblick zu bekommen, empfiehlt sich ein Besuch des Sommercafés.
- Möchte man vor Ort Käse kaufen, sollte man Bargeld mitbringen, da die Farm zum Zeitpunkt der Recherche über kein Kreditkarten-Lesegerät verfügte.

Jokkmokk und Umgebung

Blick ins Rapadalen vom Gipfel des Skierfe

Jokkmokk und Umgebung

41. Wintermarkt in Jokkmokk: samische Kultur erleben
42. Ájtte: Museum zur Welt der samischen Urbevölkerung
43. Jokkmokk: Qualitäts-Shopping
44. Essence of Lapland: Lappland für alle Sinne
45. Muddus Nationalpark: unterwegs in unberührten Wäldern
46. Sarek Nationalpark: Wandern zu Schwedens schönster Aussicht

Kalixforsbron
Tjåurek
E 10
MUSJÁVRRE
Svappavaara
Kaitum
Killingi
Sjaunja
Kebnats
Pauki
Harrå
Skaulo
Tjautjas
Latnivaara
Akkavaara
Sarek
46
Aktse
Malmberget
Ultevis fjällurskog
Aggala
Gällivare
TJAKTJAJÁVRRE
Porjus
Kvikkjokk
Tidnokenttä
Tjåmotis
Nautijaur
45
Muddus
Uhtsaluokta
Njavve
Pärlälvens fjällurskog
Fagerlund
44
43
Nattavaara by
LULEÄLVEN
KARATS
42
Kuossenjarka
Högträsk
41
Luvos
Piertinjaure
Jokkmokk
Polcirkeln
Stenudden
E 45
Vuollerim
Bergnäsviken
Lövnäs
Udtja
Ovansjö
Lakaträsk
Tiellejaur
Kåbdalis
Bodträskfors
Akkajaur
Arjeplog
Abraure
Övre Svartlå
Hapträsk
PITEÄLVEN
KARJSÅN
Maskaur
Moskosel
Vidsel
Mjölkberg
Storbodsund

41 Wintermarkt

IN JOKKMOKK

Jedes Jahr steigt Anfang Februar der samische Wintermarkt mit Verkaufsständen, Veranstaltungen und Präsentationen rund um die samische Kultur. Ob man typisch samische Gerichte verkosten, Kunsthandwerk kaufen oder eine Fahrt im Rentierschlitten unternehmen möchte – der Markt steht für das Eintauchen in die faszinierende Welt der Ureinwohner Lapplands.

Der Wintermarkt in Jokkmokk gilt heute als riesige Touristenattraktion, dank welcher die 3000-Einwohner-Stadt innerhalb weniger Tage Anfang Februar von bis zu 40.000 Menschen besucht wird. Das kulturelle Highlight des Winters begann bereits vor gut 400 Jahren als staatliche Einrichtung, die dem Staat mehr Kontrolle über die Einwohner des Nordens verschaffen sollte und dem Steuereintreiben diente. Während dieser 400 Jahre fiel der Markt erst zwei Mal aus (bzw. wurde digital statt live vor Ort abgehalten) – 2021 und 2022 wegen der Corona-Pandemie.

Gut besuchter Wintermarkt

Wer über den Markt schlendern möchte, sollte sich warm anziehen, denn im Februar herrschen in Jokkmokk oft minus 20 Grad oder weniger. Wer die nicht scheut, wird reichlich belohnt – mit einer großen Auswahl an 50 Ausstellern oder mehr, die teils kulinarische Spezialitäten aus der samischen Küche anbieten, darunter exotische Leckereien wie Kaffee-Käse, aber auch getrocknetes und in Scheiben geschnittenes Rentierherz! Gerade die getrockneten Wild- oder Fischspezialitäten sind länger haltbar und bieten sich wunderbar zum Mitnehmen an.

Sollte die Kleidungsauswahl vorab doch zu bescheiden ausgefallen sein, so lässt sich das auf dem Markt korrigieren, zum Beispiel mit handgestrickten Mützen, Fäustlingen oder mit anderen warmen Kleidungsstücken, welche die eisigen Temperaturen des lappländischen Winters erträglicher machen. Noch spannender ist für viele Besucher allerdings der Einblick ins samische Kunsthandwerk, „Duodji“ genannt. Als Mitbringsel für zu Hause bieten sich besonders hölzerne Küchenutensilien an, aber auch liebevoll gearbeitete Schmuckstücke aus Rentierleder, die bei den Samen eine große Bedeutung haben.

Informationen aus erster Hand im Museum

Zum Aufwärmen zwischendurch kehrt man in eines der Restaurants oder Cafés ein, und wer nach dem Marktbummel etwas „Action" braucht, hat die Wahl: eine Fahrt mit einem Rentier- oder Hundeschlitten, mit einem Schneemobil oder eine Wanderung mit Schneeschuhen sind ein Teil des Angebots an den Markttagen. Dazu kommen Vorstellungen und Aufführungen rund um die samische Kultur, seien es Joik-Gesänge, die an Jodler in den Alpen erinnern, Geschichtserzählungen, Tänze, schauspielerische Darbietungen oder sogar Rentierschlittenrennen.

Einmal am Tag schlendert eine samische Familie mit Rentieren über den Markt.

Im Zentrum des Geschehens steht es jedoch, in Kontakt zu kommen mit Menschen, die sich natürlich dem modernen Leben Nordschwedens angepasst haben, die ihre Kultur aber nach wie vor lebendig halten und teils auch noch die samische Sprache sprechen. Sollte man danach tiefer in die samische Kultur eintauchen wollen, bietet sich dazu das Ájtte Fjäll- und Samemuseum an (siehe Tipp 36).

Besonders spannend: Rentierschlittenrennen

Info

Lage: Jokkmokk liegt etwa 170 Kilometer nordwestlich von Luleå.

Anreise: Möchte man mit öffentlichen Verkehrsmitteln anreisen, verkehren unter anderem ab Luleå in regelmäßigen Abständen Busse nach Jokkmokk, Reisezeit ca. 3,5 Stunden.

Website: *jokkmokksmarknad.se/en.* Die Website informiert jedes Jahr über die genauen Daten des Marktes – normalerweise findet er jedoch in der ersten Februarwoche statt.

HINWEIS: Die wenigen Hotels in Jokkmokk und der näheren Umgebung sind meist schon Monate im Voraus ausgebucht und sämtliche Zimmer erreichen Höchstpreise! Daher ist es eine Überlegung wert, nur für einen Tagesausflug zu einem Markttag nach Jokkmokk zu reisen oder an einer organisierten Markttour teilzunehmen. Diese werden unter anderem von Hotels, auch aus der weiteren Umgebung, angeboten und sind oft die bequemste und günstigste Wahl, zum Ziel zu kommen.

42 Ájtte

DAS MUSEUM ZUR WELT DER SAMISCHEN URBEVÖLKERUNG

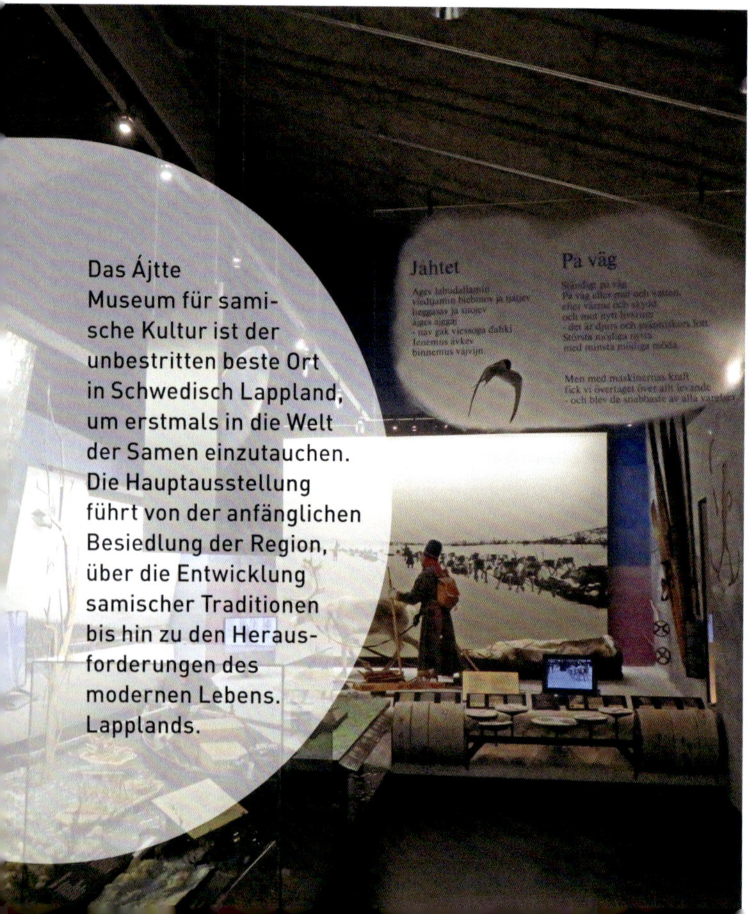

Das Ájtte Museum für samische Kultur ist der unbestritten beste Ort in Schwedisch Lappland, um erstmals in die Welt der Samen einzutauchen. Die Hauptausstellung führt von der anfänglichen Besiedlung der Region, über die Entwicklung samischer Traditionen bis hin zu den Herausforderungen des modernen Lebens. Lapplands.

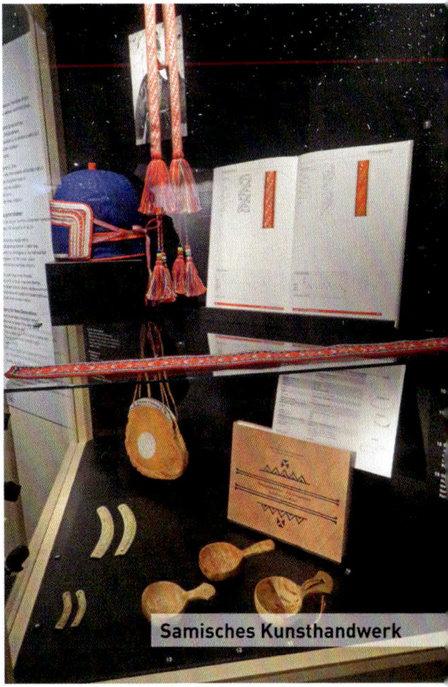
Samisches Kunsthandwerk

Das 1989 eröffnete Hauptmuseum für samische Kultur sowie Spezialmuseum für die Bergregion und Informationszentrum für Bergtourismus ist kein Ort, den man mal eben in einer halben Stunde abhaken kann. Es lohnt sich also, für den Besuch mehrere Stunden einzuplanen, idealerweise mindestens einen halben Tag. Die Ausstellung ist hinter der gemütlichen Zeltkote in der Eingangshalle zweigeteilt – rechter Hand befindet sich die umfangreiche Hauptausstellung, die in der Zeit vor 9000 Jahren beginnt und hinführt zur Entwicklung der nomadischen samischen Lebensweise und der Bedeutung der Rentierhaltung und -zucht. Die „Erlebniswelt" auf der linken Seite animiert hingegen zum eigenen Entdecken und Ausprobieren anhand vieler interaktiver Stationen.

Museumsbesucher erfahren, was es mit den sogenannten „Samendörfern" (samebyar) auf sich hat, die eigentlich keine Dörfer sind, sondern administrative Gemeinschaften für Rentierbesitzer. Was der Unterschied zwischen Wald- und Bergsamen ist und dass es sowohl Wald- als auch Berg-Rentiere gibt. Zusätzliche Informationstafeln informieren unter anderem über die über 100 verschiedenen samischen Begriffe für Schnee, während es an anderer Stelle um die Transportmittel und -wege im Laufe der Jahrhunderte geht – bis zu modernen Rentierzüchtern, die ihre Herden auf Schneemobilen zusammentreiben. Ein weiterer Raum widmet sich dem samischen Kunsthandwerk „Duodji", darunter Objekte aus Holz und Silber sowie Musikinstrumente wie Trommeln, die eng verbunden waren mit Mythen und Religion. Auch traditionelle Kleidungsstücke fehlen nicht und man erfährt, in welch mühsamer Kleinstarbeit die Menschen früher Schuhe und Kleidung unter anderem aus Rentierhaut und -fellen herstellten.

Darüber hinaus umfasst das Museum eine Vielzahl an ausgestellten Tieren (an die 3000), Insekten (ca. 12.500) sowie Pflanzen, darunter Pilze, Moose und Flechten, um den Besuchern den natürlichen Lebensraum von Samen und Rentieren näherzubringen. Man lernt sogar, die Losung verschiedener Tierarten und Vögel zu unterscheiden. Weitere Informationstafeln beschreiben die verschiedenen tierischen Wald- und Bergbewohner Norrbottens mit ihren Eigenarten, andere helfen dabei, mithilfe von abgebildeten Blätterformen die Bäume der Region zu bestimmen.

Überraschend: Was die Samen alles selbst herstellten.

Das Museum bietet also einen umfangreichen Überblick nicht nur über die Geschichte und Kultur der Samen und die Rentierzucht, sondern auch über die Beschaffenheit der Natur, in der sie leben. Und wer nach so vielen spannenden Informationen eine Verschnaufpause braucht oder Hunger bekommt, findet am Eingang das gemütliche Museumsrestaurant mit Buffet oder à la carte, darunter Rentier- oder andere traditionelle Gerichte.

Die einst nomadische Lebensweise anschaulich erklärt

Info

Lage: Jokkmokk liegt etwa 170 Kilometer nordwestlich von Luleå.

Adresse: Kyrkogatan 3, 962 33 Jokkmokk

Anreise: Möchte man mit öffentlichen Verkehrsmitteln anreisen, verkehren unter anderem ab Luleå in regelmäßigen Abständen Busse nach Jokkmokk, Reisezeit ca. 3,5 Stunden.

Website: *ajtte.com*

HINWEISE:

- Die Öffnungszeiten variieren je nach Jahreszeit. Während des Wintermarkts im Februar und zwischen Mitte Juni bis Mitte August beispielsweise ist das Museum täglich geöffnet.
- Führungen sind auf Buchung vorab möglich.

43 Jokkmokk

QUALITÄTS-SHOPPING

Wer Schwedisch Lappland bereist, denkt meist an Naturerlebnisse. Die Möglichkeit, vor Ort auch qualitativ hochwertiges Kunsthandwerk sowie Wildfleisch aus eigener Produktion zu kaufen, mag vielen nicht einmal in den Sinn kommen. Und doch gibt es in der Region einen Ort, an dem man erstaunlich gut shoppen kann – Jokkmokk.

Eigentlich war in diesem Reiseführer kein dritter Tipp zu Jokkmokk geplant, erst recht nicht zum Thema „Shoppen". Und doch stellte sich bei der Recherche heraus, dass das Städtchen eine unglaubliche Vielzahl liebevoll geführter Läden beherbergt, unter anderem mit Kunsthandwerk, Kunst und selbst genähter Kleidung der Samen und anderer Bewohner der Region. Es ist in diesen Läden, dass man den Puls der Urbevölkerung spürt, einige von ihnen unter den Verkäufern selbst antrifft und sie einem begeistert von ihrem Handwerk und den hochwertigen Endprodukten erzählen. Dieser Tipp umfasst daher eine Auswahl an Geschäften, die im Rahmen der Buchrecherche besucht wurden und sich als besonders interessant oder qualitätsbewusst und/oder nachhaltig erwiesen.

Rentiergeweih-Lampen und mehr aus Handarbeit

Die meisten Läden liegen nahe beieinander und nur wenige hundert Meter vom Ájtte Museum entfernt, darunter die Gamla Apoteket. Das historische Gebäude von 1901 gehört nun einer Kulturvereinigung und dient dem Verkauf von Kunsthandwerk lokaler Künstler, beheimatet aber auch Ausstellungen zu verschiedenen Themen. In der Parallelstraße, Köpmansgatan, stößt man sogleich auf zwei weitere Läden mit teils beliebten Souvenirs, vor allem aber mit ausgefallenen Schätzen, die verraten, wie kreativ die Künstler der Region sind und was sie aus allem, was die Natur hergibt, zaubern. Fjällriket und Eld by Jokkmokk bieten von handgefertigtem Porzellan bis zu Rentierfellen, von aus abgeworfenen Rentiergeweihen gebastelten Lampen bis zu Wolldecken, Taschen, Kleidung und Silberschmuck mehr, als das Auge in Kürze erfassen kann.

Naturprodukte für Körper und Seele

Hochwertige samische Textilien

In Bahnhofsnähe, in der Järnvägsgatan, freut man sich in der Zinnwerkstätte über Besucher, die bei Interesse mehr über das Handwerk lernen können – oder in liebevoller Detailarbeit gefertigten Schmuck kaufen. Im nahe gelegenen Porjusvägen gibt es bei Sámi Duodji nicht gerade günstige, dafür aber besonders hochwertige, original samische Mützen, Tücher und Schmuck. Etwas günstiger ist der Stoorstålka Sámi Design Shop in der Föreningsgatan 2, der unter anderem eine große Auswahl an bunten samischen Schals und Halstüchern bietet, ebenso wie Wolle aus der Region für alle, die selbst gerne stricken. Geht man anschließend ein Stück weiter südlich bis zur Hantverkargatan, machen zwei weitere Geschäfte dem Straßennamen alle Ehre: c/o Gerd mit einer Vielfalt an handgefertigten und organischen Kosmetika und Birgers knivar, wo der freundliche Besitzer in einer Hütte neben seinem Wohnhaus selbst Messer herstellt. Ganz am Ende derselben Straße (ca. 2,5 Kilometer vom Museum entfernt) liegt linker Hand ein wenig versteckt Sápmi Ren & Vilt – ein Familienbetrieb, der das beste Wildfleisch der

Region verkauft, das auch die Einheimischen mit Vorliebe erwerben. Die meisten Spezialitäten aus Rentier- und Elchfleisch, aber auch Fisch, sind luftdicht verschweißt und eignen sich daher auch für einen mehrtätigen Transport, ebenso wie die getrockneten Spezialitäten, die ein wunderbares Mitbringsel abgeben.

Köstlichkeiten, ideal als Mitbringsel für daheim

Info

Lage: Jokkmokk liegt etwa 170 Kilometer nordwestlich von Luleå.

Anreise: Möchte man mit öffentlichen Verkehrsmitteln anreisen, verkehren unter anderem ab Luleå in regelmäßigen Abständen Busse nach Jokkmokk, Reisezeit ca. 3,5 Stunden.

Empfehlenswerte Geschäfte in Jokkmokk:

- Gamla Apoteket: Västra Torggatan 15, *facebook.com/gamlaapoteketijokkmokk*
- Fjällriket: Köpmangatan 16, *www.sapmiproducts.com*
- Eld by Jokkmokk: Köpmangatan 27, *eldbyjokkmokk.se*
- Jokkmokks Tenn: Järnvägsgatan 19, *jokkmokkstenn.se*
- Sámi Duodji: Porjusvägen 4, *sameslojdstiftelsen.com*
- Stoorstålka Sámi design shop: Föreningsgatan 2, *stoorstalka.com*
- c/o Gerd: Hantverkargatan 25, *careofgerd.com*
- Birgers knivar: Hantverkargatan 15, *birgersknivar.se*
- Sápmi Ren & Vilt: Hantverkargatan 71, *sapmirenovilt.se*

44 Essence of Lapland

LAPPLAND FÜR ALLE SINNE

Es war in ihren 20ern, dass Eva Gunnare aus Südschweden nach Lappland kam und dort eine Reise für alle Sinne begann, die zur Gründung ihres Unternehmens „Essense of Lapland“ führte. Über die Jahre lernte sie vor allem von den samischen Ureinwohnern Lapplands, welche Gaben der Natur zu welcher Jahreszeit für den Menschen nahrhaft sind und was man daraus herstellen kann. Heute bezeichnet sie sich selbst als ausgebildete „Gestalterin von Speisen“, die sich an immer neuen Geschmackserlebnissen probiert und diese mit Besuchern teilt. Ob wilde Kräuter, Beeren oder essbare Blumen – wer Eva besucht, erweitert sein Wissen um den reichen Vorratskeller der Natur und was sich daraus Leckeres zaubern lässt.

In Jokkmokk lebt eine Frau, die es wie kaum ein anderer in Schwedisch Lappland versteht, Köstlichkeiten aus all dem zu zaubern, was die Natur hergibt: Eva Gunnare lernte von zahlreichen Ureinwohnern, den Samen, welche Schätze der Natur man wann verwenden und was man daraus zaubern kann. Dieses Wissen gibt sie an Besucher weiter.

Sie empfängt Besucher auf Absprache in ihrem gemütlichen roten Haus in Jokkmokk und führt sie auf einer Tour in ihren persönlichen „Natur-Supermarkt“ vor der Haustür – auf Verkostungstouren, Wanderungen oder auf Schatzsuche nach essbaren Wildkräutern und Beeren. Wer an einer gemeinsamen Zubereitung von Speisen im Anschluss interessiert ist, kann diese ebenfalls hinzubuchen.

Verkostung auf Evas Terrasse

„Nachhaltig ist, wenn man auf dem Land, das man nutzt, auch selbst lebt", lautet Evas Motto – denn dann lerne man dieses Land verstehen und wolle ihm nicht schaden. Ihre Kenntnisse gehen dabei weit über Nutzpflanzen und deren Inhaltsstoffe hinaus, sie kann interessierten Besuchern ebenfalls über die von ihr beobachteten Veränderungen in der Natur erzählen und von einem nachhaltigen Umgang mit dieser Natur. Schwierige Themen, die aber bei Brot aus Birkenblättern mit Nessel-Pesto ein wenig leichter zu verdauen sind.

Wer keine Zeit für einen persönlichen Besuch bei Eva Gunnare hat, kann einen ihrer Online-Kurse besuchen (auch auf Englisch erhältlich), inklusive Handbüchern zum wichtigsten Pflanzenwissen und was sich daraus zubereiten lässt.

Info

Lage: Jokkmokk liegt etwa 170 Kilometer nordwestlich von Luleå.

Adresse: Sirkasgatan 4, 962 31 Jokkmokk. Das Wohnhaus ist ab dem Zentrum fußläufig erreichbar.

Anreise: Ab Luleå fahren Busse nach Jokkmokk, Reisezeit ca. 3,5 Stunden.

Website: *eolapland.se*

Angebote:

- Geschmackswanderung in Jokkmokks Umgebung, um essbare Pflanzen kennenzulernen
- Geschmackstour Deluxe: Geschmackswanderung und vertiefte Verkostung bei Eva daheim
- Schatzsuche bei Eva: Schatzsuche in Evas eigenem Kräuter-Vorrat samt Kostprobe, Fika und Kaffee

45 Muddus Nationalpark

UNTERWEGS IN UNBERÜHRTEN WÄLDERN

Der Muddus Nationalpark nördlich von Jokkmokk ist nicht nur einer der vier Nationalparks, die zum UNESCO-Welterbe Laponia gehören. Er gilt auch als einer der stillsten Orte von ganz Schweden und beheimatet von allen Nationalparks die meisten unberührten Wälder. Gut ausgezeichnete Wege führen durch diesen Urwald bis hinein in weitläufige Moorlandschaften.

Ein Highlight des Parks: Wasserfall „Muddusfallet"

Von den vier Nationalparks des UNESCO-Welterbes Laponia ist der Muddus Nationalpark neben Stora Sjöfallet am leichtesten zugänglich – am besten über Skaite, wo man das Auto auf dem Parkplatz abstellen und loswandern kann. Infotafeln und -broschüren am Eingang geben einen Überblick über Wege und Rundwandermöglichkeiten sowie über die Tierwelt des Parks. Der „kleine Rundwanderweg" von ca. 24 Kilometern lässt sich bei durchschnittlicher Fitness gut an einem Tag bewältigen. Dabei geht es hinein in den Urwald des Muddus, zunächst entlang des Flusses Stora Luleälven, dann an einer Schlucht vorbei durch Wälder, die noch Spuren des großen Waldbrandes von 2006 erkennen lassen. Doch wie der Wanderer im Muddus lernen darf, gehen Kiefern, die durch Waldbrände beschädigt wurden, sogar gestärkt aus der Erfahrung hervor: Sie werden dadurch nämlich mit Harz imprägniert und wachsen langsamer, was sie wiederum vor schnellem Verfall bewahrt. Auf dem Rückweg auf der Westseite reicht der Blick von einer gemütlichen Picknickecke mit Grillstelle über eines der Highlights des Parks: den Muddusfallet, einen sich 42 Meter in die Tiefe stürzenden Wasserfall.

Übernachtungshütte im Park

Wer sich mehr Muße im Park gönnen möchte, findet zahlreiche Stugor, Hütten, zum Übernachten, ebenso wie ausgewiesene Zeltplätze. Die sogenannte „große

Blick über Seen und Wälder vom Vogelbeobachtungsturm

Vogelbeobachtungsturm am Muttosluoppal

Muddus-Runde" von über 40 Kilometern führt tiefer hinein in die Waldgebiete, wo die ältesten Bäume an die 800 Jahre zählen, sowie durch dank Holzstegen gut begehbare Moorlandschaften. Erst dort erschließt sich das Motto des Nationalparks: „Wo sich Wälder und Sumpf treffen". Tipp: Wer keine Höhenangst hat, sollte den Vogelbeobachtungsturm am Muttosluoppal erklimmen. Denn erst aus der Höhe wird deutlich, wie weitläufig die Wälder des Nationalparks wirklich sind und wie viele Moorgebiete und Seen sie in ihrem Inneren umschließen. An der Übernachtungsstuga mit Grillplatz befindet sich auch ein Brunnen, aus dem man frisches, kühles Trinkwasser schöpfen kann.

Natürlich ist der Muddus Nationalpark auch Heimat zahlreicher Vögel, darunter von Auerhühnern und Kiebitzen. Sind die Zugvögel im Frühsommer zurückgekehrt, lassen sich mit etwas Glück auf den Seen auch Singschwäne, Gänse, Kraniche, Schnapper und viele weitere Vögel beobachten. Selbst Bären, Luchse und Vielfraße leben in den Wäldern, lassen sich aber äußerst selten blicken. Da stehen die Chancen schon besser, einen Elch zu erspähen (deren schokoladenkugelförmige Losung vielerorts über die Waldwege verteilt liegt) – oder Rentiere. Zahlreiche Waldsamen nutzen nämlich den Nationalpark, um ihre Tiere auch im Sommer dort weiden zu lassen.

Info

Lage: Der Muddus Nationalpark liegt knapp 40 Kilometer nördlich von Jokkmokk.

Anreise: Am einfachsten ist der Parkplatz Skaite mit dem Haupteingang zum Nationalpark mit dem Auto zu erreichen. Wer mit öffentlichen Verkehrsmitteln unterwegs ist, kann ab Jokkmokk Bus 45 in Richtung Porjus nehmen und sich am Ligga Kraftwerk absetzen lassen – von dort sind es ca. zehn Kilometer Fußweg bis zum Parkplatz Skaite.

Website: *sverigesnationalparker.se/de/nationalpark-wahlen/muddus—muttos-nationalpark*. Die Website bietet unter anderem Kartenmaterial sowie Informationen zu Anreise und Übernachtungsmöglichkeiten im Park. Die Wege sind allesamt gut ausgeschildert und überwiegend leicht begehbar.

HINWEIS: Die Wanderwege sind erst ab dem Frühsommer (je nach Jahr ab etwa Ende Mai/Anfang Juni) schnee- und eisfrei und damit begehbar. Die Wandersaison dauert bis Ende September, allerdings kann dann manchmal schon Schnee fallen.

46 Sarek Nationalpark

WANDERN ZU SCHWEDENS SCHÖNSTER AUSSICHT

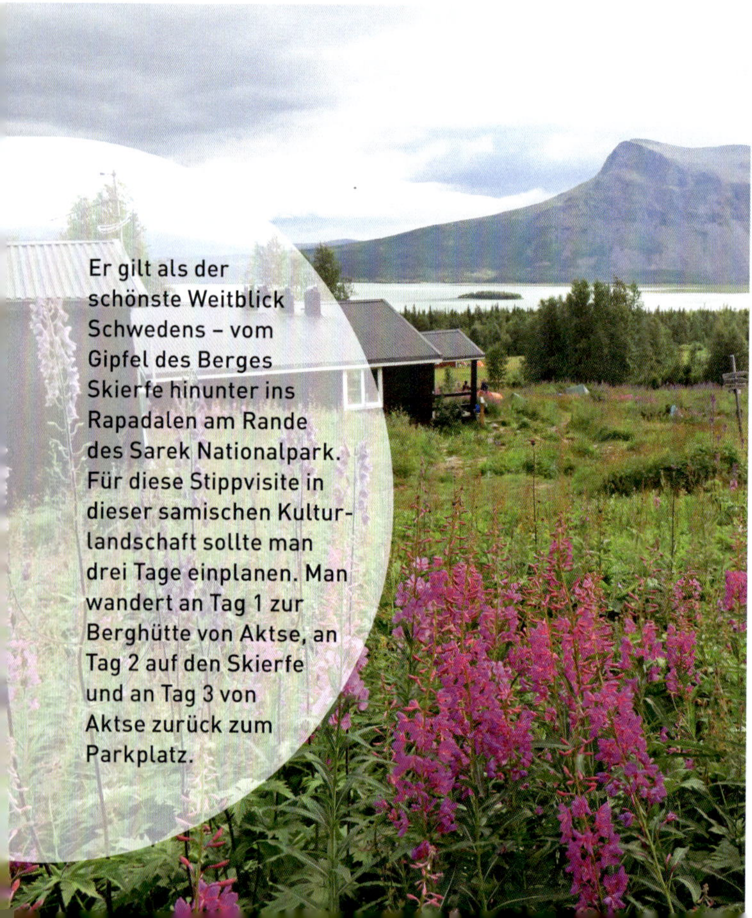

Er gilt als der schönste Weitblick Schwedens – vom Gipfel des Berges Skierfe hinunter ins Rapadalen am Rande des Sarek Nationalpark. Für diese Stippvisite in dieser samischen Kulturlandschaft sollte man drei Tage einplanen. Man wandert an Tag 1 zur Berghütte von Aktse, an Tag 2 auf den Skierfe und an Tag 3 von Aktse zurück zum Parkplatz.

Wer in den Sarek Nationalpark (ebenfalls Teil des UNESCO-Welterbes Laponia), der über keinerlei markierte Wege verfügt, vordringen möchte, sollte über umfassende Bergwandererfahrung und Navigationskenntnisse verfügen. Doch auch Wanderer mit durchschnittlicher Erfahrung und Fitness können zumindest den Rand des Sarek zu Fuß erreichen – wenn sie drei Tage Zeit mitbringen.

Am einfachsten geht dies ab dem Parkplatz namens Sitoälvsbron – erreichbar ab der Straße, die Jokkmokk mit dem Bergort Kvikkjokk verbindet. Zugegeben, der Schlammloch-Pfad, der ab dem Parkplatz zunächst zehn Kilometer durch ein Waldstück führt, ist nicht besonders attraktiv. Wer Mountainbikes dabei hat, kann die Strecke damit zurücklegen und das Rad bei der Grillhütte am See Tjaktjajávrre abstellen. Von dort geht es auf weiteren sechs Kilometern durch einen weitaus attraktiveren Urwald (wer möchte, kann in der Sommersaison mit einem Boot abkürzen, das allerdings vorab gebucht werden sollte) bis zur wunderschön gelegenen Berghütte Aktse mit Übernachtungsmöglichkeiten in Mehrbettzimmern, mit Zeltplätzen, Shop und Sauna.

Der Zeigefinger-ähnliche Gipfel des Skierfe

Nach einer Übernachtung in Aktse geht es am nächsten Tag zunächst steil bergauf auf einem Teilstück des Kungsleden, bis die Baumgrenze erreicht ist und ein Schild nach links zum Gipfel Skierfe weist. Es ist diese 1179 Meter hohe, wie ein Finger gen Himmel weisende Klippe, die angeblich Schwedens schönste Aussicht bietet. Insgesamt ist der Weg ab Aktse ca. acht Kilometer lang, mit gut 700 zu bewältigenden Höhenmetern.

Blick vom Gipfel des Skierfe

Manchmal verliert sich der Weg in Matsch oder Geröllfeldern und die Wanderung vermittelt eine Kostprobe davon, wie es sein muss, tiefer in den Sarek vorzudringen.

Dennoch ist der Gipfel letzten Endes recht leicht erreicht, und auf die Frage, die sich viele stellen, ob sich die Mühe lohnt, gibt es eine klare Antwort: ja! Der Blick reicht über das wohl ebenfalls schönste Tal Schwedens, das Rapadalen mit seinen Flussarmen und Sumpfgebieten bis zu den verschneiten Gipfeln des Nationalparks. Eine Aussicht, die so schnell sicher niemand vergisst und die man am besten bei einem ausschweifenden Picknick auf der Spitze des Skierfe ehrt – wenn es nicht zu windig ist.

Zurück nach Aktse geht es auf demselben Weg, wo sich eine weitere Übernachtung anbietet, samt wohlverdientem Saunabad nach dem anstrengenden Aufstieg. Am nächsten Tag kann man dann entspannt den Rückweg zum Parkplatz antreten.

Info

Lage: Aktse und der Gipfel Skierfe liegen am südöstlichen Rand des Sarek Nationalparks, nördlich des Bergortes Kvikkjokk.

Anreise: Am einfachsten ist die Anreise mit dem Auto bis zum Parkplatz Sitoälvsbron – kurz hinter Jokkmokk zweigt man in Richtung Kvikkjokk/Sarek Nationalpark ab und nach etwa 85 Kilometern nach rechts, wo ein gelbes Schild nach „Aktse“ weist. Von dort sind es noch 20 Kilometer bis zum Parkplatz – die Straße ist bis zum Kraftwerk gut befahrbar, wird danach aber zur Schotterpiste (am besten vorab in Google Maps eingeben, sonst glaubt man nicht, dass man dort wirklich weiterfahren kann). Diese ist jedoch auch für normale Fahrzeuge ohne Allradantrieb mit ein wenig Vorsicht gut befahrbar. Nach etwa 20 Minuten ist der Parkplatz erreicht. Von dort geht es zu Fuß weiter:

- zehn Kilometer bis See Tjaktjajávrre
- sechs Kilometer weiter bis zur Aktse Berghütte
- abkürzbar mit vorbestelltem Boot (SMS am Morgen desselben Tages reicht aus): *aktsebo.se/*
- acht Kilometer ab Aktse bis zum Skierfe (ca. 700 Höhenmeter)

Übernachten: Die Fjällstuga Aktse wird von der SFT betrieben (siehe Tipp 25). Bett in Mehrbettzimmer unbedingt vorab buchen, da diese im Sommer schnell ausgebucht sind! Die Gebühr für Zelten auf dem Gelände erlaubt den Zugang zu Küche und Sauna. Wasserquellen sind an der Hütte vorhanden. Wer wild und gratis zelten möchte, tut dies am besten oberhalb der Baumgrenze – man muss zwar alles Gepäck hochschleppen, aber die Aussicht ist unschlagbar!
svenskaturistforeningen.se/boende/stf-aktse-fjallstuga

HINWEIS: In Aktse und auf dem Weg dorthin gibt es besonders viele Mücken. Mückenschutz also nicht vergessen – am besten ist sogar ein Hut mit Mückennetz!

Arvidsjaur

Die vielen Gewässer rund um Arvidsjaur eignen sich für Kajak- und Kanu-Touren.

Arvidsjaur

47. FlyHu Lodge bei Arvidsjaur: Fliegenfischen oder Hundeschlittenfahrt
48. Wildact: Huskyfarm mit tollen Wildnis-Angeboten
49. Arjeplog: das wasserreiche Land
50. Ammarnäs: gemütliches Bergdorf mit Kartoffelhügel

Kvikkjokk
Porjus
PITEÄLVEN
KARATS
Jokkmokk
RIEBNES
E 45
Jäkkvik
NORRBOTTENS LÄN
ISÄLVEN
Kåbdalis
Laisvall
DELLIKÄLVEN
49
Arjeplog
50
Ammarnäs
PITEÄLVEN
VARJISÄ
47
VÄSTERBOTTENS LÄN
Lauker
Slagnäs
48
Arvidsjaur
Sorsele
Långsel
Forsmark
Abborrträsk
Slussfors
Adak
Blattnicksele
Gargnäs
Glommersträsk
Dikanäs
Rågoliden
Järvträsk
Malå
Tväråträsk
Rönnäs
Storuman
Kristineberg
Jörn
VOJMSJÖN
Gunnarn
Skarvsjöby
Åskilje
Norrbyberg
Norsjö
Rusksele
Bastuträsk
Nästansjö
Bålforsen
Högland
Vilhelmina
Lycksele
Åmsele
© Mapcreator.io | OSM.org | ©DLR | ©Airbus Defense and Space | ©Copernicus

47 FlyHu Lodge bei Arvidsjaur

FLIEGENFISCHEN ODER HUNDESCHLITTENFAHRT

In den Sommermonaten geht es an die zahlreichen Flüsse der Gegend zum Fliegenfischen oder auf Wildtier-Safari, im Winter auf dem Hundeschlitten raus in die verschneite Weite. Die FlyHu Lodge bietet manch unvergessliches Abenteuer, Wildnis-Wissen und Wohnmobil-Stellplätze rund um eine gemütliche Kote.

Sibirischer Husky

Es war im Winter 2018, als sich das Schweizer Paar Marianne und Wolf einen Traum erfüllte: Die beiden zogen mit ihren rund 40 Huskys nach Lappland, in ein gemütliches rotes Holzhaus gut 30 Kilometer von Arvidsjaur entfernt. Dort errichteten sie Gehege für ihre Tiere, eine Mischung aus Sibirischen und Alaskan Huskys, und sogar ein freundlicher Wolf-Hybride gehört zum Rudel. In den Wintermonaten geht es etwa eine Stunde lang mit dem Hundeschlitten hinaus in die verschneite Natur, die die Lodge zu allen Seiten umgibt. Doch auch den Rest des Jahres freuen sich die Vierbeiner über Besuch und Marianne und Wolf über Unterstützung beim abendlichen Füttern.

Wintermärchen-Fahrt auf dem Hundeschlitten

Dabei sind Huskys längst nicht alles, was die FlyHu Lodge zu bieten hat – „Fly" steht nämlich für Fliegen, genauer gesagt fürs Fliegenfischen. Das nennt Wolf seit über 25 Jahren seine Philosophie, die er stets zu erweitern bereit ist und gerne mit Gästen teilt. Wer mag, kann ihm beim Herstellen eigener Fliegen über die Schulter schauen oder sich selbst die passenden Fliegen für den Ausflug mit der Angelrute basteln. Geduldig erklärt der studierte Biologe auch Anfängern das Handwerk des Fliegenfischens. Das Prinzip lautet in der Regel „catch and release" – Fangen und Freilassen, denn im Gegensatz zum Fischfang mit Haken werden die Fische nicht verletzt und können munter weiterschwimmen.

Die Fische werden i.d.R. wieder freigelassen

Neben Touren oder Kursen zum Fliegenfischen bietet die Lodge Wildtier-Safaris an, wobei die Chancen gut stehen, das eine oder andere Wildtier zu erspähen. Wolfs Blick ist so gut für die Wildnis geschult, dass er einen meterweit im Gestrüpp entfernt stehenden Elch ebenso schnell erspäht wie eine zwischen Ästen verborgene Eule. Und selbst, wenn sich kein Tier zeigen möchte, übt man sich im Lesen von deren Spuren auf dem Boden und an Bäumen, beispielsweise an Kratzspuren eines Bären an der Baumrinde und frischen Tatzen-Abdrücken in feuchter Erde. Wie verhält man sich richtig, wenn sich plötzlich ein Bär zeigt? Was dient im Wald als Rentierfutter? Auf diese und viele weitere Fragen gibt es während der Tour Antworten.

Wolf Bühler erklärt Gästen das Fliegenfischen.

Seit 2021 bietet das Paar Wohnmobil-Stellplätze an – zwar ohne sanitäre Einrichtungen, dafür aber mit Grillstelle und einer gemütlichen Kote, in der abends ein Feuer entzündet wird. Dort können alle, die mögen, beisammen sitzen und den Tag bei Geschichten über das Reisen und das Leben ausklingen lassen.

Wildtiersafari mit Elch-Besuch

Info

Lage: Arvidsjaur liegt etwa 150 Kilometer westlich von Luleå. Die FlyHu Lodge befindet sich etwa 35 Kilometer nördlich der Stadt.

Adresse: Tjappsåive 2, 933 91 Arvidsjaur

Anreise: Ab Flughafen Arvidsjaur mit dem Auto ca. 45 Minunten (40 Kilometer). Die FlyHu Lodge bietet für Gäste auch einen Transfer vom Flughafen an.

Website: *flyhulodge.com*

HINWEIS:

- Zur Buchung einer Hundeschlittentour, eines Fliegenfischen-Kurses oder einer Wildtier-Safari sollte man vorab Kontakt aufnehmen und reservieren. Hundeschlittentouren sind in den Wintermonaten gerade an Wochenenden sehr gut gebucht.
- Auch Wohnmobilstellplätze sollten vorab angefragt werden, da max. sieben Plätze zur Verfügung stehen (keine sanitären Einrichtungen, keine Waschmaschine, keine Grau- und Schwarzwasserentsorgung)
- 2023 soll ein kleines Gasthaus eröffnen, das im Sommer bis zu vier Fliegenfischern Platz bietet!

48 Wildact

HUSKYFARM MIT TOLLEN WILDNIS-ANGEBOTEN

Wildact Adventures ist mehr als nur eine Huskyfarm – neben Schlittenhundetouren umfasst das Angebot unter anderem eine Kostprobe der wilden Küche und in der warmen Jahreszeit Wander- und Kanu- sowie Packraft-Touren. Auch das Schnitzen kann man erlernen. Dabei setzt das Unternehmen besonders auf Familien mit Kindern und bietet spezielle Familienwochen.

Wer im Lappland-Urlaub gerne in der Natur aktiv sein möchte, ist bei Wildact genau richtig – und das gilt auch für Familien mit Kindern! Auf die hat sich das Schweizer Paar Simone und Jürg, das es 2007 nach Lappland zog, nämlich spezialisiert. Doch steht dabei immer das Naturerlebnis im Vordergrund, nicht etwa, möglichst schnell voranzukommen und Kilometer zu machen.

Hundeschlittenfahrt, bei der Besucher selbst das Gespann leiten lernen.

Dabei bietet Wildact zu jeder Jahreszeit spannende Unternehmungen an: Im Winter geht es mit einem Gespann aus einigen der 60 Alaskan Huskys in die weiße Märchenlandschaft hinaus, wobei jeder Besucher selbst schnell zum Musher wird und sein eigenes Gespann anführt. Für Hundeschlitten-Begeisterte bietet es sich an, zunächst einmal bei einer Tour von einem halben Tag reinzukommen, dann einen ganzen Tag mit dem Schlitten unterwegs zu sein und am Ende drei Tage lang, samt Hüttenübernachtungen, loszuziehen. Außerdem umfasst das Winterangebot Skitouren mit klassischen Waldskiern, Schneeschuhtouren, Eisangeln und auch ein mithilfe eines Guides zubereitetes Outdoor-Frühstück. Um in alles ein wenig hineinschnuppern zu können, gibt es ab Mitte Januar bis Ende März besondere „Aktivwochen".

Packraft-Touren geführt oder auf eigene Faust

Im Sommer, ab Anfang oder Mitte Juli bis Mitte oder Ende September, stehen stattdessen Kanu- oder Packraft-Touren (geführt

Schnitzkurs im Sommer

oder in Eigenregie auf einer gut markierten Route), geführte Wandertouren in den Bergen, Husky-Trekking oder auch Schnitz- und Kochkurse auf dem Programm. Für Letztere sammelt man sich vieles, was man braucht, in der Natur selbst, darunter Beeren oder Waldkräuter.

Wer nun glaubt, „Outdoor" sei kulinarisch gleich Fix-Mahlzeiten, Nüsse und Kekse, der irrt sich: Im Restaurant mit professionellen Köchen schlemmt man bei Wildact lokale Spezialitäten, darunter Rentierfleisch aus einer der größten Rentierschlachtereien Schwedens in Arvidsjaur. Ebenso wie im Winter, gibt es auch im Sommer „Aktivwochen", um verschiedene Aktivitäten auszuprobieren. Übernachtungsmöglichkeiten bestehen ebenfalls auf der Huskyfarm selbst.

Regionale Köstlichkeiten kann man draußen selbst zubereiten.

Info

Lage: Arvidsjaur liegt etwa 150 Kilometer westlich von Luleå. Wildact befindet sich ca. 24 km westlich davon.

Adresse: Storberg 4, 933 99 Arvidsjaur

Anreise: Ab Flughafen Arvidsjaur mit dem Auto ca. 30 Min. (36 Kilometer). Bucht man Angebote bei Wildact, ist der Transfer zur Huskyfarm jedoch bereits im Preis inbegriffen.

Website: *wildact.net*

Aktivitäten: im Winter Hundeschlittentouren, Schneeschuhtouren, Ski-Wandern, Eisfischen, Nordlichttouren; Sommer: geführte Bergtouren, Husky-Trekking, Kanutouren, Packrafting-Touren, Wilde Küche, Schnitzen, Familienwoche

Unterkunft: Doppelzimmer im Gasthaus oder im Schwedenhaus; kleines Blockhaus für zwei bis drei Personen

49 Arjeplog

DAS WASSERREICHE LAND

9000 Gewässer, Berge unter 1000 Metern mit Traumblick und ein Silbermuseum – dies sind nur ein paar der Attraktionen, mit denen das kaum 2000 Einwohner starke Arjeplog reizt. Während manche Autohersteller ihre Fahrzeuge auf den zugefrorenen Seen im Winter auf ihre Wintertauglichkeit testen, wird die Region ab dem Frühling zum Wander- und Wassersport-Hotspot.

Rosafarbene Kirche von Arjeplog

Es ist die rosafarbene und sich je nach Licht auf dem See spiegelnde Kirche Arjeplogs, die als Erstes ins Auge sticht. Der Bau des kreuzförmigen Gebäudes begann 1760 und soll zunächst Rot gewesen sein, bis man sich 1896 für Babyrosa entschied. Die Kirche ist eine von wenigen in Schweden, deren Chor sich auf der West- statt auf der Ostseite befindet. Kirch-Nachbar ist die größte kulturelle Attraktion des Städtchens: das 1965 eröffnete Silbermuseum, das als „Wissensportal zu arktischen Landschaften" bezeichnet wird und von den Menschen erzählt, die Arjeplogs Geschichte über 10.000 Jahre prägten. Das Museum vermittelt an erster Stelle einen Einblick in die Silberschmiedekunst der samischen Urbevölkerung, aber auch in weiteres samisches Kunsthandwerk aus Holz oder Rentierhorn und traditionelle Kleidung.

Silbermuseum

Spazierweg durch die Landschaft rund um Arjeplog

Doch Arjeplog hat nicht nur ein Silbermuseum, sondern liegt auch an dem sogenannten Silberweg, der von der Küste in Skellefteå bis nach Bodø in Norwegen reicht und besser bekannt ist als Reichsstraße 95. Wüsste man nicht, dass entlang dieser Landstraße einst ein wichtiges Silber-Abbaugebiet lag, wäre man sich dessen heute nicht mehr bewusst und würde lediglich die gefühlt endlosen Traumblicke über Seen genießen. Achtung – wer gerne Fotostopps macht, wird für diese Straße sehr, sehr lange brauchen! Denn Arjeplog ist nicht nur kulturell interessant, sondern auch landschaftlich äußerst vielseitig. Den Ort umgeben große und tiefe Seen wie Hornavan, Uddjaur und Tjeggelvas mit ihren Inselchen sowie Flusstäler des Skellefteälven, Piteälven und Laisälven.

Im Winter zugefrorene Gewässer, auf denen nun teils Autos auf Winterfestigkeit getestet werden, halfen einst im Sommer, um Mühlen anzutreiben, versorgten ein Sägewerk und sogar einen Schnapskessel mit Kühlwasser. Heute erfreuen sich Wassersportler an Strömungen, Seen und Flüssen, sei es zum Kajak- oder Kanufahren, zum Baden oder auch Fischen. Arjeplogs Website stellt ein umfangreiches Angebot an teils geführten Aktivitäten zu jeder Jahreszeit vor, die von Fisch- und Jagdausflügen bis zu Eisfahrten mit dem Auto und Hundeschlittenfahrten reichen.

Wanderer, die eine kleine Herausforderung suchen, können bei „Top of Arjeplog“ mitmachen: Die Wanderbewegung gibt es auch in anderen schwedischen Städten und sie fordert Einwohner sowie Besucher dazu heraus, vom 1. Juni bis 30. September möglichst viele der umgebenden Berggipfel zu besteigen. Die Touristeninformation in Arjeplog gibt Auskunft, welche der zehn Gipfel erklommen werden sollen, darunter der 784 Meter hohe Hügel im Akkelis Naturreservat mit einem Urwald. Gibt man die Karten mit Information, welche Gipfel man erwandert hat (es müssen mindestens drei sein), bis zum 30. September ab, nimmt man an einer Verlosung teil. Eine ähnliche Version gibt es auch für den Winter für alle, die mit Langlaufskiern Gipfel erobern möchten! Wer die Mitternachtssonne zwischen Mitte Juni und Anfang Juli sehen möchte, sollte auf den Galtispuoda von 800 Metern Höhe steigen – dort zeigt sie sich besonders schön, auch wenn sich Arjeplog gut 50 Kilometer südlich vom Polarkreis befindet.

Info

Lage: Die nächstgrößere Stadt mit Flughafen ist das 95 Kilometer entfernte Arvidsjaur.

Anreise: Am leichtesten mit dem Auto, zum Beispiel ab Flughafen Arvidsjaur in 70 Minuten, vor allem, wenn man verschiedene Orte in der Umgebung erkunden möchte. Alternativ verkehrt Bus 17 ab Arvidsjaur Busstation bis nach Arjeplog, ca. 70 Minuten.

Website: *arjeploglapland.se/en.* Die Website gibt einen Überblick über mögliche Aktivitäten zu jeder Jahreszeit sowie Kontaktinformationen möglicher Veranstalter. Außerdem informiert sie über Restaurants, Veranstaltungen und Unterkünfte.

Aktivitäten: Silvermuseet (Silbermuseum) in Torget, 938 31 Arjeplog, *silvermuseet.se*

50 Ammarnäs

GEMÜTLICHES BERGDORF MIT KARTOFFELHÜGEL

Eine nach Holz duftende Kirche, ein Fluss, Weiden und ein Kartoffelhügel – so lässt sich das gut 100 Einwohner starke Dorf Ammarnäs zusammenfassen. Im Sommer bieten sich verschiedene Wandertouren an, unter anderem auf dem nahen Kungsleden, im Winter startet ein einmaliges Schlittenhunderennen von 400 Kilometern.

Potatisbacken – Kartoffelhügel in Ammarnäs

Wer Lust hat auf ein gemütliches Dorf, von dessen 100 Einwohnern manche gerne mit einem Kaffeebecher vor dem einzigen Mini-Supermarkt in der Sonne sitzen, ist in Ammarnäs genau richtig. Ein großes Holzschild heißt Besucher am Dorfeingang willkommen, wenn man schon geglaubt hatte, einer ewig langen Straße durch Wälder und am Fluss Vindelälven entlang ins Nichts zu folgen. Dabei ist das Dorf nicht so verschlafen, wie man auf den ersten Blick glauben mag – es beheimatet nämlich das sogenannte „achte Wunder Schwedens", zumindest laut einer Abstimmung von Radiohörern des schwedischen Radiosenders P4 aus dem Jahr 2010! Ob das Dorf nun ein Wunder ist oder nicht, darüber mag man geteilter Meinung sein, aber einen Hingucker hat es auf jeden Fall: den Potatisbacken, übersetzt Kartoffelhügel, auf einem eiszeitlichen Moränenhügel. Es war Ende des 19. Jahrhunderts, dass ein spitzfindiger Landwirt von Ammarnäs auf die Idee kam, auf dem Hügel angeblich besonders kälteunempfindliche Kartoffeln anzubauen. Diese Tradition setzt sich bis heute fort, und mit ein wenig Glück kann man im Frühjahr oder Frühsommer zuschauen, wie die Dörfler die winzigen Anbauflächen an dem Steilhang beackern. In jedem Fall aber bietet der kurze Aufstieg auf den Hügel eines – neben zwei Grillstellen die beste Aussicht über Dorf, Vindelälven und die Berge der Umgebung.

Dorfkirche

Der Potatisbacken befindet sich gegenüber der Holzkirche, die einen wunderbaren Duft nach Holz verströmt, als wäre sie erst gestern errichtet worden. Dabei ist die Kapelle im nationalromantischen Stil über 100 Jahre alt, wurde im Jahr 1912 eingeweiht. Die Verkleidung besteht aus sogenanntem Pärt, dünnen, kurzen Holzstücken, die von unten nach oben genagelt werden – was die Fassade wie Fischschuppen aussehen lässt.

Wer gerne in der Natur aktiv ist, findet rund um Ammarnäs neben dem südlichen Ende des Kungsleden (der auf 78 Kilometern weiterführt bis nach Hemavan) viele schöne Wanderwege, die sich auch für Tagesetappen eignen, beispielsweise hoch zum 1008 Meter hohen Berg Gajsatje. Dafür fährt man ab Ammarnäs neun Kilometer weiter bis zum Parkplatz Tjulträsk (ein See, obwohl übersetzt eigentlich Sumpf) – wo die Straße endet. Von dort geht es durch Birkenwald hinauf bis zum Hochfjäll und einem Steinhaufen, der den Gipfel markiert und einen wunderschönen Weitblick über den südlichen Teil des Naturreservats Vindelfjäll bietet. Tipp: Wem es

See inmitten des Dorfes

Blick vom Potatisbacken

am Tjulträsk mit seiner Grillstelle und Bänken so richtig gut gefällt, der kann dort problemlos eine Nacht mit dem Wohnmobil auf dem Parkplatz verbringen oder am See zelten.

Im Winter hingegen startet in Ammarnäs ein einmaliges Schlittenhunderennen (Vindelälvsdraget) entlang des Vindelälven, das in drei Tagen auf 25 Etappen von sechs bis 22 Kilometern bis nach Hällnäs führt.

Info

Lage: Ammarnäs liegt knapp 200 Kilometer von Arvidsjaur und 88 Kilometer von Sorsele entfernt.

Anreise: mit dem Auto, zum Beispiel ab Flughafen Arvidsjaur ca. drei Stunden

Website: *visitammarnas.se* mit vielen Tipps zu Aktivitäten wie Wanderungen, Reiten oder Angeln, aber auch zum Potatisbacken und den Tieren der Region (nur Schwedisch)

Aktivitäten:

- Potatisbacken: beeindruckender Ausblick von oben
- Besuch der Kirche
- Ausflug zum Tjulträsk in neun Kilometern Entfernung mit Wandermöglichkeiten im Vindelfjäll Naturreservat
- Schlittenhunderennen im Winter (Vindelälvsdraget): *vindelalven.se/vdrag/swe/* (nur Schwedisch)

Register

T

U

V

W

Winterliche Impression

Bildnachweis:
Alle Bilder von Bernadette Olderdissen, außer Adobe Stock S. 23, Cover | Dalmato99 CC BY-SA 3.0 S. 20 | Filipsborg AB S. 19u, 88, 89o | FlyHu Lodge S. 237u, 239 | Johannes Jansson norden.org CC BY 2.5 S. 21 | Jokkmokk Infocenter S. 15u, 210-213 | Karten – Mapcreator.io, OSM.org, ©DLR, ©Airbus Defense and Space, ©Copernicus: S. 26, 27, 31, 67, 103, 127, 165, 209, 235 | Marianne Thüring S. 98u | Mattias Fredriksson S. 159, 160o, 160u | Örjan Pekka S. 9 | Peter Fabel S. 120-123 | Philipp Herfort Photography S. 158 | Pontus J. Formsmedjan S. 181 | Sapmi Nature S. 100/101, 108-111 | STF Kebnekaise Fjällstugal (svenskaturistforeningen.se/boende/stf-kebnekaise-fjallstation): Annette Anderson S. 124/125, 140, 142o, Pär Englund S. 141, Marcus Westberg S. 142u | Tortap, CC BY-SA 3.0 S. 167 | Wildact Adventures S. 242u | Wildact Adventures / Lisa Kristin S. 240, 241 | Wildact Adventures / Johannes Kormann S. 243 | Wilma de Poel Kymani 4x4 on tour S. 28/29 | Wolf Bühler S. 238o | Yana Mangi S. 19o, 60-63